地方公務員試験

東京都・特別区のパーフェクト時事

Perfect

JN098311

コンテンツ

2024年度 東京都・特別区の試験情報

東京都と特別区の試験では時事が合格ライン超えの決め手に！

◎東京都と特別区で時事は外せない！

公務員試験でも東京都（都庁）、特別区（東京23区）の採用試験は、**時事の重要性が高い**ことで知られています。教養試験の「社会事情」という科目として、2023年度の東京都で5問（新方式は6問）、特別区で4問出題されています。

それぞれ問題全体に占める割合は12.5%、10%（全40問の場合）と、**合格ライン6～7割といわれる各試験では、決してあきらめることのできない科目**となります。

なおかつ東京都では、社会科学系の問題に時事の内容が出されるケースもあります。すなわち、多いときで実質的に40問中6～7問の時事の出題があり、選択解答ができない**東京都においては、「時事対策をしない＝受からない」**、という図式が自ずと浮かび上がってきます。

「そんなことはわかっている」という受験者も多いことでしょう。問題なのは「どう対策したらよいかがわからない」ことだと思います。

◎「一般常識」ではとても太刀打ちできず

公務員試験ほど、出題範囲が広い「資格試験」はそうありません。その中で、時事という日々アップデートされる膨大な情報を学んでいくことは至難のワザです。

「新聞やニュースに触れていれば十分」という人もいますが、ちょっと知った程度の「一般常識」では試験に対応することはできないでしょう。「それならば」と、書店に並んでいる時事対策本を手に取ることになりますが、**正直、あれもこれもと盛り込みすぎて、なかなか的を射たテキストが見あたらない**のが実情です。

結局、結構な時間を費やして対策本を丸暗記したものの、不合格という残念な結果になりがちです。

◎時事は的を絞って対策すれば必ず結果につながる

しかし、東京都と特別区の傾向をしっかりとつかんで学習すれば、実は確実に得点につながります。東京都と特別区の時事では、出題されるテーマに特徴があるからです。

◆ 2023年度に「社会事情」として出題された時事

東京都（Ⅰ類B）	白書「令和４年版 少子化社会対策白書」
	政治「物価高克服・経済再生実現のための総合経済対策」
	法律「被害者救済法」
	法律「改正銃刀法 」
	国際「国際情勢（国際会議）」
特別区	国際「イギリスの首相就任」
	政治「第26回参議院議員選挙」
	法律「経済安全保障推進法」
	文化「文化勲章受章者および文化功労者」

それは、**「国際会議」「法律」「白書」「国際」**の４大テーマが中心となっていることです（東京都）。**特別区でも、「国際会議」「法律」「国際」は重要テーマ**。出題されるのがわかっているならば、対策しない手はありません。ほかにも「**政治**」、「**経済**」なども出題されやすいテーマ。これらを、集中的に学習しておけば、恐れることはありません。

限られた時間を大事にし、無駄な学習は極力しないことが、東京都と特別区における時事対策の鉄則といえます。

◎時事問題は不得意科目をカバーする最後の切り札

特に、苦手科目がある人にとっては、時事は強力な切り札です。数的処理系に自信が持てない人は少なくないかと思いますが、仮に数問そこで落としたとしても、時事でカバーできると考えられれば気もラクになります。余計なプレッシャーを受けることなく、実力を出し切ることもできるでしょう。

東京都であれば、40問中24問が知能分野であり、うち16問が判断推理、数的推理、資料解釈です。合格ラインを７割と考えるのであれば本来11問は正解しなければなりません。しかし、**時事対策がきっちりできていれば、仮に半分の８問を落としたとしても、合格の可能性は十分にあります。**

特別区は48問中40問を選ぶ選択解答制ですので、出題数以上に時事対策の効果が発揮されます。2023年度の時事（社会事情）の出題は４問でしたが、時事が対策済みであれば、**苦手な科目の問題を外すことができるからです。**

◎東京都と特別区の試験に絞り込んだ唯一のテキスト＆問題集

時事を切り札として使えるかどうかは、いかに実際の試験に則した準備ができるかということに尽きるでしょう。

下の表をご覧ください。前ページでも述べた通り、東京都と特別区は傾向がかなり固定化されています。だからこそ、限られた時間内で本当に役立つ勉強を行うことができれば、時事をしっかりと得点につなげることができるのです。

本書は、**東京都と特別区の採用試験の対策に絞り込んだ唯一のテキスト＆予想問題集**です。出題の予想される内容をきっちりと押さえ、論点を深く掘り下げることで、最速で時事問題を解く力を身につけることができます。本書を使って、ぜひとも東京都と特別区の時事を攻略し、合格を勝ち取ってください。

◆過去に出題された時事

試験種類	東京都（Ⅰ類Ｂ一般方式）						特別区					
年度	2018	2019	2020	2021	2022	2023	2018	2019	2020	2021	2022	2023
国際会議	●	●				▲			●			
法律	●	●	●			◉	●	◉			●	●
白書	●	●	◉	◉	●	●						
国際	●	●	●	●	●	▲	●	●	●	●	◉	●
政治・政策（選挙・国内政策）	●	●	●	●	◉	●	●	●	●	◉		●
政治・政策（外交）												
経済（国内経済）										●		
経済（国際経済）												
社会					●							
最高裁判決												
文化（世界遺産その他）											●	●
文化（ノーベル賞）							●		●			
その他（宇宙開発等）												

※赤印は頻出テーマ。　◉＝同年に２問出題　▲＝小問での出題

本書の特徴

特徴①　東京都と特別区の教養試験・時事問題に完全対応！
東京都のⅠ類Ａ、Ⅰ類Ｂの時事問題、特別区Ⅰ類の時事問題（全区分）に対応しています。

特徴②　過去問１０年分を完全分析、効率的な学習を可能に！
過去１０年の各試験過去問を完全分析。効率的かつ確実に得点アップをねらえます。

特徴③　テーマごとのわかりやすい解説で理解度アップ！
単なるつめこみ学習にならないよう配慮。時事を問われる面接でも生きてきます。

特徴④　予想模擬問題で実戦力が大幅アップ！
４つの最頻出テーマを中心に全３２問を、解説とともに掲載しています。

テーマ解説　時事解説編

試験種類に応じた出題予想。
★の数が多いほど出る可能性大

試験に出やすいキーワード
やセンテンス

４つの最頻出テーマを中心に、過去問を分析したうえで、出題が予想されるテーマをピックアップ。東京都と特別区に特化した試験対策が可能です。

豊富な図表

ミニ試験問題で
しっかりインプット

最頻出 1
国際会議
G20ニューデリー・サミット
ここが出る！
首脳宣言でロシア批判はせず
東京都：★★★
特別区：★★☆

インド・ニューデリーで開催されたG20
主要20カ国・地域首脳会議（G20サミット）が、2023年９月にインドの首都ニューデリーで開催しました。「一つの地球、一つの家族、一つの未来」のテーマのもと、会議には先進国に新興国を加えた主要国の首脳に加えて、国際通貨基金（IMF）、世界銀行、経済協力開発機構（OECD）などの国際機関も参加。ただし、中国の習近平国家主席とロシアのプーチン大統領は、今回のサミットを欠席しました。
◎新興国の発言権強化
議長国インドのモディ首相は閉幕時に首脳宣言を採択し、2030年までに再生可能エネルギーを３倍にするとし、気候変動などのグローバルな課題に協調して対応することで一致。今後のG20について「国際的な意思決定における途上国の発言権の強化」を盛り込むなど、新興・途上国の盟主を自任するインドの方針が色濃く反映されました。
また、世界経済については「債務の脆弱性を悪化させる世界的な金融引き締めはリスクである」との認識を共有しました。

無事に出された首脳宣言
ロシアとの関係性の違いより、とりまとめが懸念されていた首脳宣言でしたが、ウクライナ侵攻について「威嚇や武力の行使を控えなければならない」「核兵器の使用や威嚇は容認できない」とする内容で採択。ウクライナ産の農産物の輸出をめぐる合意の履行をロシアが停止したことについても、合意の履行の必要性に言及するにとどめ、途上国や新興国への支援の重要性を強調しました。
◎ウクライナは首脳宣言を批判
ただし、前回の会議の首脳宣言に盛り込まれた、ロシアを名指しで非難する文言はなく、ウクライナ侵攻をめぐり欧米とロシア、加えて途上国や新興国などのグローバル・サウスの国々の主張をも反映させた内容で首脳宣言が採択された形

12

○最頻出テーマ時事対策
です。この首脳宣言の内容に不満を抱いたウクライナは「ロシアによるウクライナ侵攻について、G20は何も誇れるものはない」と批判しました。

途上国らのグローバルサウスへの支援
首脳宣言には、温暖化の影響や債務問題を抱える途上国などからなるグローバル・サウスの国々への支援も盛り込まれました。ただし、気候変動問題では「石炭火力の段階的な廃止に向けて努力する」と確認するにとどまり、廃止する期限をめぐって段階廃止に慎重な新興国に配慮し、首脳宣言に含めませんでした。
また新興国は、気候変動問題で先進国に資金を確保することを会議で要求。これに対してアメリカは、世界銀行などの国際開発金融機関の改革により新興国向け融資を大幅に拡大できると主張し、支援する姿勢はみせませんでした。

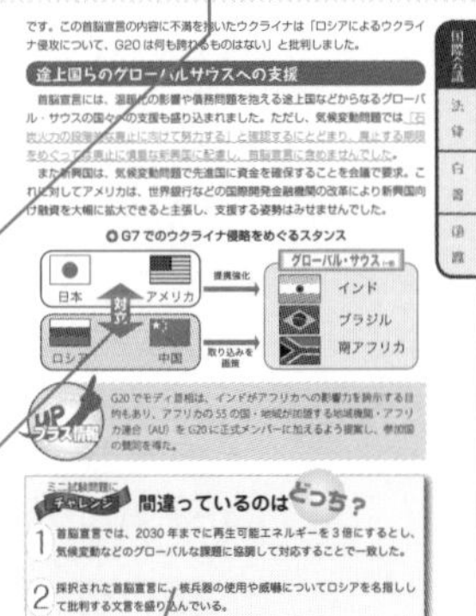

13

予想模擬問題　問題演習編

解いた問題を
チェックするボックス

試験のポイント
&解説

2024年度試験での出題を予想した模擬問題。実際の試験のレベルと出題形式にもとづいて作成された問題なので、実戦力の向上に役立ちます。各ジャンルの冒頭には、過去問&傾向と対策も掲載。

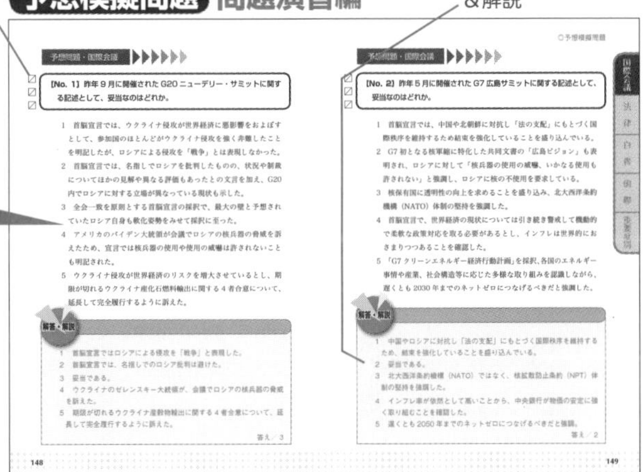

予想問題・国際会議

【No. 1】昨年９月に開催されたG20ニューデリー・サミットに関する記述として、妥当なのはどれか。

1　首脳宣言では、ウクライナ侵攻が世界経済に悪影響をおよぼすとして、参加国のほとんどがウクライナ侵攻を強く非難したことを明記したが、ロシアによる侵攻を「戦争」とは表現しなかった。
2　首脳宣言では、名指しでロシアを批判したものの、状況や制裁についてほかの見解や異なる評価もあったとの文言を加え、G20内でロシアに対する立場が異なっている現状も示した。
3　全会一致を原則とする首脳宣言の採択で、最大の壁と予想されていたロシア自身も軟化姿勢をみせて採択に至った。
4　アメリカのバイデン大統領が会議でロシアの核兵器の脅威を訴えたため、宣言では核兵器の使用や使用の威嚇は許されないことも明記された。
5　ウクライナ侵攻が世界経済のリスクを増大させているとし、期限が切れるウクライナ産化石燃料輸出に関する４者合意について、延長して完全履行するように訴えた。

解答・解説
1　首脳宣言ではロシアによる侵攻を「戦争」と表現した。
2　首脳宣言では、名指しでのロシア批判は避けた。
3　妥当である。
4　ウクライナのゼレンスキー大統領が、会議でロシアの核兵器の脅威を訴えた。
5　期限が切れるウクライナ産穀物輸出に関する４者合意について、延長して完全履行するように訴えた。
答え／3

148

○予想模擬問題

予想問題・国際会議

【No. 2】昨年５月に開催されたG7広島サミットに関する記述として、妥当なのはどれか。

1　首脳宣言では、中国や北朝鮮に対抗し「法の支配」にもとづく国際秩序を維持するため結束を強化していることを盛り込んでいる。
2　G7初となる核軍縮に特化した共同文書の「広島ビジョン」も表明され、ロシアに対して「核兵器の使用の威嚇、いかなる使用も許されない」と強調し、ロシアに核の不使用を要求している。
3　核保有国に透明性の向上を求めることを盛り込み、北大西洋条約機構（NATO）体制の堅持を強調した。
4　首脳宣言で、世界経済の現状については引き続き警戒して機動的で柔軟な政策対応を取る必要があるとし、インフレは世界的におさまりつつあることを確認した。
5　「G7クリーンエネルギー経済行動計画」を採択、各国のエネルギー事情や産業、社会構造等に応じた多様な取り組みを認識しながら、遅くとも2030年までのネットゼロにつなげるべきだと強調した。

解答・解説
1　中国やロシアに対抗し「法の支配」にもとづく国際秩序を維持するため、結束を強化していることを盛り込んでいる。
2　妥当である。
3　北大西洋条約機構（NATO）ではなく、核拡散防止条約（NPT）体制の堅持を強調した。
4　インフレ率が依然として高いことから、中央銀行が物価の安定に強く取り組むことを確認した。
5　遅くとも2050年までのネットゼロにつなげるべきだと強調。
答え／2

149

※本書は令和５年１２月末時点での情報をもとに執筆されています。

CONTENTS

◎東京都・特別区の試験情報
東京都と特別区の試験では時事が
合格ライン超えの決め手に！ 2

◎本書の特徴 5

時事解説編 最頻出テーマ時事対策

国際会議 12

1 G20 ニューデリー・サミット……12
2 G7 広島サミット……14
3 ASEAN 関連首脳会議／ APEC……16
4 国連気候変動枠組条約第 28 回締約国会議……18

法　律 20

5 LGBT 理解増進法……20
6 入国管理法改正……22
7 刑法改正／性的姿態撮影等処罰法……24
8 フリーランス新法……26
9 マイナンバー法……28
10 GX 推進法……30
11 GX 脱炭素電源法……32

12 民法改正（嫡出推定等）……………………………34
13 こども家庭庁設置法 ……………………………36
14 新型インフルエンザ等対策特別措置法等 ……………38
15 防衛装備品生産基盤強化法 ………………………40
16 被害者救済法 …………………………………42
17 改正民事訴訟法 ………………………………44
18 大麻取締法改正 ………………………………46
19 認知症基本法 …………………………………47

白　書 48

20 経済財政白書 …………………………………48
21 通商白書 ………………………………………50
22 環境白書 ………………………………………52
23 男女共同参画白書 ……………………………54
24 観光白書 ………………………………………56
25 防衛白書 ………………………………………58
26 厚生労働白書 …………………………………60
27 防災白書 ………………………………………62
28 過労死等防止対策白書 ………………………64
29 消費者白書 ……………………………………66
30 警察白書 ………………………………………68
31 エネルギー白書 ………………………………70

国　際　72

32　昨年のアメリカ情勢 ……………………………… 72
33　昨年の中国情勢 ……………………………… 74
34　パレスチナ情勢 ……………………………… 76
35　ロシアのウクライナ侵攻 ……………………… 78
36　BRICS 拡大 ……………………………… 80
37　NATO（北大西洋条約機構） ………………… 82
38　台湾情勢 ……………………………… 84
39　IPEF の発足 ……………………………… 86
40　日韓問題 ……………………………… 88
41　北朝鮮情勢 ……………………………… 90
42　ヨーロッパでの選挙① ……………………… 92
43　ヨーロッパでの選挙② ……………………… 94
44　最近のヨーロッパ情勢 ……………………… 96
45　最近のアジア情勢 ……………………………… 98
46　最近のアフリカ・中東情勢……………………… 100
47　最近の北中南米情勢 ……………………… 102
48　その他の国際関係 ……………………………… 104

時事解説編　重要度別テーマ 時事対策

重要度 A

49　第 2 次岸田再改造内閣 ……………………… 106
50　岸田政権の経済対策……………………………… 108

51　2023 年骨太の方針 ……………………………110
52　女性版骨太の方針 2023 ……………………112
53　令和 6 年度税制改正大綱 ……………………114
54　規制改革推進会議の答申 ……………………116
55　主な首脳会談 ……………………………………118
56　こども未来戦略方針 …………………………120
57　防衛費増額 ………………………………………122
58　統一地方選 ………………………………………123
59　防衛３文書 ………………………………………124
60　自民党パーティー券問題………………………125
61　宇宙安全保障構想 ……………………………126
62　在留資格拡大 ……………………………………127
63　新 ODA 大綱 ……………………………………128
64　インボイス制度 …………………………………129
65　コロナ５類へ移行 ……………………………130
66　デジタル行財政改革会議 ……………………131

重要度 B　132

67　日本の経済情勢 …………………………………132
68　日銀の金融政策 …………………………………134
69　自由貿易協定（FTA）/ 経済連携協定（EPA）……136

重要度 C

70 処理水問題 ……138
71 1票の格差裁判 ……139
72 性別変更手術をめぐる裁判 ……140
73 昨年のノーベル賞 ……141
74 昨年のその他の国内外情勢 ……142

問題演習編 予想模擬問題

◆「国際会議」の攻略法 ……146
予想問題・国際会議 ……148

◆「法律」の攻略法 ……152
予想問題・法律 ……154

◆「白書」の攻略法 ……160
予想問題・白書 ……162

◆「国際」の攻略法 ……168
予想問題・国際 ……170

◆「重要度別テーマ」の攻略法 ……178
予想問題・重要度別 ……180

時事解説編

最頻出テーマ
時事対策

毎年出題されている最頻出の４大テーマをピックアップ。東京都と特別区を受けるなら、最低限これらのテーマだけは絶対に押さえておかなければなりません！　「出題予想」を参考に効率的に学習しましょう。

国際会議

法律

白書

国際

最頻出

1

国際会議
G20 ニューデリー・サミット

ここが出る！
首脳宣言でロシア批判はせず

東京都：★★★
特別区：★★☆

インド・ニューデリーで開催された G20

主要 20 カ国・地域首脳会議（G20 サミット）が、2023 年 9 月にインドの首都ニューデリーで開催しました。「一つの地球、一つの家族、一つの未来」のテーマのもと、会議には先進国に新興国を加えた主要国の首脳に加えて、国際通貨基金（IMF）、世界銀行、経済協力開発機構（OECD）などの国際機関も参加。ただし、中国の習近平国家主席とロシアのプーチン大統領は、今回のサミットを欠席しました。

◎新興国の発言権強化

議長国インドのモディ首相は閉幕時に首脳宣言を採択し、2030 年までに再生可能エネルギーを 3 倍にするとし、気候変動などのグローバルな課題に協調して対応することで一致。今後の G20 について「国際的な意思決定における途上国の発言権の強化」を盛り込むなど、新興・途上国の盟主を自任するインドの方針が色濃く反映されました。

また、世界経済については「債務の脆弱性を悪化させる世界的な金融引き締めはリスクである」との認識を共有しました。

無事に出された首脳宣言

ロシアとの関係性の違いより、とりまとめが懸念されていた首脳宣言でしたが、ウクライナ侵攻について「威嚇や武力の行使を控えなければならない」「核兵器の使用や威嚇は容認できない」とする内容で採択。ウクライナ産の農産物の輸出をめぐる合意の履行をロシアが停止したことについても、合意の履行の必要性に言及するにとどめ、途上国や新興国への支援の重要性を強調しました。

◎ウクライナは首脳宣言を批判

ただし、前回の会議の首脳宣言に盛り込まれた、ロシアを名指しで非難する文言はなく、ウクライナ侵攻をめぐり欧米とロシア、加えて途上国や新興国などのグローバル・サウスの国々の主張をも反映させた内容で首脳宣言が採択された形です。この首脳宣言の内容に不満を抱いたウクライナは「ロシアによるウクライナ侵攻について、G20は何も誇れるものはない」と批判しました。

途上国らのグローバルサウスへの支援

首脳宣言には、温暖化の影響や債務問題を抱える途上国などからなるグローバル・サウスの国々への支援も盛り込まれました。ただし、気候変動問題では「石炭火力の段階的な廃止に向けて努力する」と確認するにとどまり、廃止する期限をめぐっては廃止に慎重な新興国に配慮し、首脳宣言に含めませんでした。

また新興国は、気候変動問題で先進国に資金を確保することを会議で要求。これに対してアメリカは、世界銀行などの国際開発金融機関の改革により新興国向け融資を大幅に拡大できると主張し、支援する姿勢はみせませんでした。

◎ G7でのウクライナ侵略をめぐるスタンス

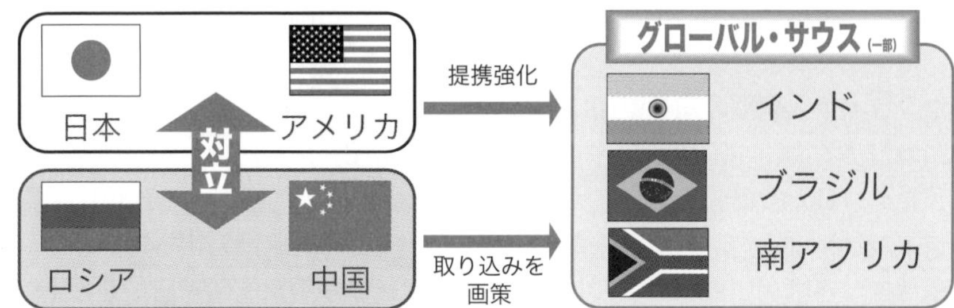

G20でモディ首相は、インドがアフリカへの影響力を誇示する目的もあり、アフリカの55の国・地域が加盟する地域機関・アフリカ連合（AU）をG20に正式メンバーに加えるよう提案し、参加国の賛同を得た。

ミニ試験問題にチャレンジ

間違っているのはどっち？

1 首脳宣言では、2030年までに再生可能エネルギーを3倍にするとし、気候変動などのグローバルな課題に協調して対応することで一致した。

2 採択された首脳宣言に、核兵器の使用や威嚇についてロシアを名指しして批判する文言を盛り込んでいる。

答え：2　首脳宣言では、ロシアを名指しして批判していない。

最頻出
2

国際会議
G7 広島サミット

ここが出る！
核軍縮に特化した「広島ビジョン」

出題予想
東京都： ★★★
特別区： ★★☆

ロシアに対する姿勢で結束

2023年5月、日本の広島でG7サミット（主要7カ国首脳会議）が開催されました。首脳宣言では、中国に対応するためのG7共通の原則を盛り込んだほか、核軍縮について「核兵器のない世界」を実現することに関与すると強調しました。通常は閉幕日に出される首脳宣言ですが、今回は異例のケースとして閉幕前日に出されました。

◎ウクライナ大統領の電撃参加

首脳宣言では、中国やロシアに対抗し「法の支配」にもとづく国際秩序を維持するため、G7の結束を強化すると明記。「核兵器のない世界」を究極的な目標と位置づけ、現実的な方法で核軍縮を進めていくことを強調しました。

着目すべきは、ウクライナのゼレンスキー大統領が電撃的に来日して会議に急遽参加したことです。G7と今回招待された新興・途上国であるグローバルサウスのインドやブラジルなどの首脳がゼレンスキー大統領と一堂に会し、それぞれゼレンスキー大統領と個別でも会談しました。

共同文書「広島ビジョン」

G7初となる核軍縮に特化した共同文書「広島ビジョン」も表明され、ロシアに対し「核兵器の使用の威嚇、いかなる使用も許されない」と強調し、ロシアに核の不使用を要求しています。

また、核保有国に対して透明性の向上を求めることを盛り込み、核拡散防止条約（NPT）体制の堅持も強調。中国に関しては「透明性や有意義な対話を欠いた核戦力の増強」に懸念を示し、また北朝鮮には核実験や弾道ミサイル発射の自制を求める内容になっています。

金融面での連携も強調

首脳宣言で、世界経済の現状については引き続き警戒して機動的で柔軟な政策対応を取る必要があるとし、その上でインフレ率が依然として高いことから、中央銀行が物価の安定に強く取り組むことを確認しています。アメリカで相次いだ銀行破綻を踏まえ、金融部門の動向を注意深く監視し、金融の安定と金融システムの強靭性の維持に向けて適切な行動をとる用意ができているとして、G7 各国が連携していくことで一致しました。

気候やエネルギーの分野においては、「G7 クリーンエネルギー経済行動計画」を採択。各国のエネルギー事情や産業、社会構造等に応じた多様な取り組みを認識しながら、遅くとも 2050 年までのネットゼロ（温室効果ガスの排出量を「正味ゼロ」にすること）につなげるべきだと強調しました。

◎ G7 首脳宣言での主な論点

❶ウクライナ情勢	ウクライナへの支援を継続、強化する。
❷中国	威圧による一方的な現状変更の試みに強く反対する。台湾海峡の平和と安定の重要性を改めて確認。ロシアがウクライナ侵攻をやめるよう圧力をかけることを中国に求める。
❸経済安全保障	中国を念頭に、禁輸などで他国の政策や意思決定に影響を与えようとする「経済的威圧」に連携して対抗するための枠組みを立ち上げる。
❹デジタル分野	ChatGPT など生成 AI に関する議論を行うための「広島 AI プロセス」を立ちあげるよう G7 各国の関係閣僚に指示。
❺環境分野	プラスチックごみによるさらなる汚染を、2040 年までにゼロにするという新たな目標を掲げる。

G7 広島サミットの開始の前に、G7 首脳は広島の平和記念公園内の原爆資料館を史上初めて全員で訪問。「広島ビジョン」とともに、戦後に核兵器が使われなかったことの継続を訴えた。

ミニ試験問題にチャレンジ **間違っているのはどっち？**

1 首脳宣言では、核軍縮について現実的かつ実践的な方法で核兵器のない世界を実現することに関与すると強調した。

2 気候やエネルギーの分野においては、遅くとも 2030 年までのネットゼロにつなげる「G7 クリーンエネルギー経済行動計画」を採択した。

答え：2　遅くとも 2050 年までにネットゼロを実現すると計画に明記。

国際会議
ASEAN 関連首脳会議／ APEC

ここが出る！
大国の争いと距離を置く ASEAN

東京都：★★★
特別区：★★☆

議論が停滞した ASEAN 関連首脳会議

2023 年 9 月、ASEAN 関連首脳会議がインドネシアの首都ジャカルタで開かれ、ASEAN 首脳会議、東アジア首脳会議、日 ASEAN 首脳会議、ASEAN プラス 3（日中韓）首脳会議などが開催されました。

日本からは岸田首相が、アメリカはハリス副大統領、中国は李強首相、ロシアはラブロフ外相が出席。経済分野での議論は進んだものの、地域や国際社会の外交・安全保障についての議論は進展しませんでした。

◎歩み寄れなかった中国、ロシアの議題

アメリカや中国、ロシアなどが対面で安全保障について議論した東アジア首脳会議（EAS）では、中国が海洋進出を強める南シナ海や、ロシアによるウクライナ侵攻などの議題で歩み寄ることができるかが焦点でした。しかし、各国がそれぞれ従来の主張を展開して、会議後に発表された声明でも具体的な進展は見られませんでした。

ASEAN 諸国の立場を議長が表明

ASEAN 首脳会議では、議長を務めるインドネシアのジョコ大統領が、「ASEAN はいかなる勢力の代理にもならず、平和と繁栄のためには誰とも協力する。ASEAN を対立の場にするのではなく、協力拡大の場にしたい」と呼びかけ、インド太平洋地域で激しくなるアメリカや中国など大国の競争とは距離を置き、深入りを避ける姿勢を強調しました。

◎中国の新しい地図に反発

一方、会議前に中国が発表した 2023 年版の最新地図に対して会議は紛糾。南シナ海のほぼ全域について、中国が管轄権を持つ海域として線で囲っていることに、領有権を争う ASEAN 加盟国から猛烈に反発する声が上がりました。この中国の地図については、アメリカも「国境線を引き直すという意味で、新たな常識を作り出そうという試み」と述べて批判しました。

ロシアや中国の問題に触れなかったAPEC

2023年11月に開催された、アメリカのサンフランシスコで行われたアジア太平洋経済協力会議（APEC）の首脳会議には、太平洋を囲む21の首脳が出席しました。日本からは岸田首相が、中国からは習国家主席が参加し、バイデン米大統領は閉幕にあたっての演説で会議の成果を強調。急速に発展するAI（人工知能）について「共通の課題であり、ここにいる全員がリスクを管理するために連携する責任がある」と述べ、AIの安全性を高める取り組みが急務であることを指摘しました。また、首脳宣言では、世界貿易機関（WTO）改革推進への支持を表明。ただし、ロシアによるウクライナ侵攻や中東情勢については触れず、参加者間の立場の違いが浮き彫りになりました。

◎ASEAN関連会議での経済面での内容

❶インド太平洋フォーラム	港湾整備など93の案件に382億ドル相当をASEANに投入。また、178億ドルの追加投資も調整中。
❷日中韓	ASEANを世界の電動車(EV)生産ハブにすることを盛り込む。電動車の車両や電池の生産で日中韓の技術移転もはかる。
❸中国	デジタル経済や供給網でASEANと協調する。農作物の越境EC（電子商取引）など、農業でも協力関係を築く。
❹アメリカ	デジタル経済やサイバーセキュリティーでASEANと協調。
❺カナダ	農作物の生産や貿易で協調。ASEANの肥料工場にも直接投資。

2026年にASEAN関連首脳会議の議長国となる予定だったミャンマーについて、クーデター後、いまだ混乱が続いていることから、フィリピンが議長国となることで一致した。

間違っているのはどっち？

1 ASEAN首脳会議で、インドネシアのジョコ大統領はインド太平洋地域で激しくなる大国の競争ではアメリカを支持する姿勢を強調した。

2 APEC首脳会議で開催国のバイデン米大統領は、AIの安全性を高める取り組みが急務であることを指摘した。

答え：1　大国の競争とは距離を置くことを強調した。

国際会議
国連気候変動枠組条約第 28 回締約国会議

ここが出る！
化石燃料削減の方針を明記

東京都：★★★
特別区：★★☆

化石燃料の削減を促す方針を明記したのは初

2023 年 11 月、アラブ首長国連邦（UAE）で国連気候変動枠組条約第 28 回締約国会議（COP28）が開催されました。閉会時には、約 200 の国々の間で 2050 年までに温室効果ガスの実質排出ゼロ（ネット・ゼロ）を目指すため、「およそ 10 年間で化石燃料からの脱却を加速する」ことを盛り込んだ成果文書を採択。これまでの会議で石炭火力発電の段階的削減は打ち出していましたが、それ以外の化石燃料の扱いについては言及しておらず、今回、「化石燃料の削減」を促す方針を明記したのは初となりました。

◎化石燃料「廃止」は産油国が強く反対

化石燃料の使用・生産を規制する文言を成果文書に盛り込むことについては、サウジアラビアなどの産油国が強く反対したことより、当初案にあった「化石燃料の段階的廃止」にまで触れられることはありませんでした。段階的廃止を主張してきた EU やアメリカ、海面上昇の危機に瀕する島嶼（とうしょ）国らは「廃止」が明記されていないことに反発し、会期が延長される事態になりました。

世界共通目標「1.5 度」

世界の温室効果ガス排出量削減の進捗状況を科学的に評価するしくみ、グローバル・ストックテイクが初めて実施され、パリ協定が定める「地球の気温上昇を産業革命前から 1.5 度以内に抑える」という目標達成がどの程度達成されているかを科学的見地から検証。1.5 度に抑えるためには、温室効果ガスの排出量を 2019 年と比べ、2030 年までに 43%、2035 年までに 60%、削減する必要があるという結果を発表しました。

その結果も踏まえ、成果文書にはパリ協定の目標実現のため、2035 年に 2019 年比で 60% の温暖化ガスを減らすことの必要性を明記。各国が 2025 年までに国連に提出する 2035 年の温暖化ガス削減目標の指標にもなる、としています。

なお、COP28 の成果文書は、すでに気温が産業革命前から 1.1 度上昇したと指摘。パリ協定の 1.5 度という目標まで 0.4 度しか猶予はないとしています。

再生可能エネルギー拡大の必要性を明記

今回の成果文書のもう一つの大きな柱は、再生可能エネルギー拡大の必要性を明記したことです。2030 年までに太陽光や風力といった再生エネルギーの設備容量を 3 倍、省エネ改善率を 2 倍にすることや、CO2 の回収や利用、貯留(CCUS) といった削減策の講じられていない石炭火力の削減へ努力を加速させることも盛り込まれました。また、化石燃料の代替手段の一つとして、初めて「原子力」を挙げています。

◎「損失と損害」基金を世界銀行が運営

このほか、温暖化の影響を受ける途上国の「損失と損害 (ロス & ダメージ)」に対する資金支援のファンド設立は、暫定的に 4 年間、世界銀行の下で運営されることも成果文書に明記されました。先進国に対して基金への拠出は義務付けず、新興国にも自発的な拠出を促すことなどが決まっています。

基金への拠出は今回の決定直後に開始され、議長国である UAE が 1 億ドル (約 150 億円)、EU が計 2 億 5000 万ユーロ (約 360 億円)、アメリカは 1750 万ドル (約 25 億円) 、日本は 1000 万ドル (約 15 億円) 拠出するなど、総額 7 億米ドル以上が集まりました。

「**パリ協定**」…2015 年にパリで開催された COP21 で採択された協定。「世界の平均気温上昇を産業革命以前に比べて 2 度よりも十分低く保ち、1.5 度に抑える努力を追求する」という長期目標が掲げられており、その後の会議でも重要な目標になっている。

間違っているのはどっち？

1 化石燃料の使用・生産を規制する文言は、欧米など先進国が強く反対したため合意文書に盛り込まれなかった。

2 成果文書には、パリ協定の目標実現のため、2035 年に 2019 年比で 60% の温室化ガスを減らすことの必要性が明記された。

答え：1　サウジアラビアなどの産油国が強く反対した。

法律
性的指向又は性自認を理由とする差別の解消等の推進に関する法律

LGBT 理解増進法

ここが出る！
国、自治体、企業、学校への努力義務

東京都：★★★
特別区：★★★

罰則を設けない理念法

2023 年 5 月、性的マイノリティーへの理解を広めるための新法「LGBT 理解増進法」が成立しました。この法律は罰則を設けない理念法であり、「性的指向やジェンダーアイデンティティを理由とする不当な差別はあってはならない」という基本理念のもと、企業や学校などに対して性的マイノリティーへの理解の増進や啓発、環境の整備などを努力義務として規定するものです。また、性的マイノリティーに関する基本計画の策定や啓発活動といった行政の政策については、内閣府に設置された担当部署が行うと定めています。

◎国際的な性的指向に関する法制化の流れ

性的指向などに特化して差別を否定する法律は、これまでありませんでした。主要 7 カ国（G7）は、一般的な差別の禁止や平等原則を定める法律で性的指向なども対象に含めており、日本が国際的に後れを取っているとの批判を避ける意味合いも今回の法制化にはあります。

3 つの LGBT 理解増進法案

LGBT 理解増進法案ついては、自民・公明両党が、超党派の議員連盟がまとめた法案の文言を修正した与党案を国会に提出したのに対し、立憲民主党や共産党などは超党派の議員連盟のそのままの法案を、また日本維新の会と国民民主党は共同で独自の法案を提出するなど、3 つの法案が提出されていました。

最終的には、与党案をさらに修正した「修正案」で進められ、自民・公明両党と日本維新の会、国民民主党の 4 党などの賛成多数で成立。立憲民主党、共産党、れいわ新選組などは、超党派の議員連盟がまとめた法案から内容が後退しているとして反対しました。

◎修正案に日本維新の会や国民民主党の主張を反映

当初の与党案は、議員連盟の法案にあった「差別は許されない」との記述を、禁止規定に読めるとの意見から「不当な差別はあってはならない」に変更し、性自認」の表現は「性同一性」に変更したという経緯があります。成立した与党案の「修正案」では、「性自認」の表現は日本維新の会や国民民主党との修正協議で「ジェンダーアイデンティティ」に改められ、さらに日本維新の会や国民民主党が主張した性的少数者以外への配慮規定も加え、トイレや公衆浴場でのトラブルの心配をなくすような内容が盛り込まれています。

国や自治体、企業、学校への努力義務

法律では、政府に対して性的少数者への理解を進める基本計画の策定や、実施状況の毎年の公表を義務づけ、差別の解消につなげると定めています。従来、性的マイノリティーに関しての政策は、厚生労働省や文部科学省などそれぞれの省庁で行われていました。しかし、今回の法律によって内閣府が担当省庁となり、総合調整を行う部署として「連絡会議」が作られることで、総合的な施策の実施ができるようになります。

◎学校でのLGBTに対する理解増進の教育・啓発も求める

LGBT理解増進法は努力義務ではありますが、国のみならず、自治体、企業、学校が、性の多様性に関する理解を広げるうえでの一つの法的責任となり得るものとも考えられています。企業に対しては、理解増進のための研修や啓発、就業環境に関する相談体制の整備、その他の必要な措置を求め、同様に学校に対しても、教育や啓発、教育環境に関する相談体制の整備、その他の必要な措置が求められることになります。

衆参議院での可決に際して、自民党では所属議員の表決活動を拘束する「党議拘束」がかかっていたが、この法案に反対する数人の議員が採決時に退席するなど採決に加わらなかった。

ミニ試験問題にチャレンジ　間違っているのはどっち？

1　新法では、性的マイノリティーに関する基本計画の策定といった行政の政策については、内閣府に設置された担当部署が行うと定めている。

2　新法では、家庭に対しても、教育や啓発、教育環境に関する相談体制の整備、その他の必要な措置が求められている。

答え：2　家庭での教育・啓発の努力義務は規定されていない。

最頻出 6

法律 入国管理法改正

出入国管理及び難民認定法

ここが出る！
3回目以降の申請者は送還可能に

東京都：★★★
特別区：★★★

外国人の長期収容問題を改善するのがねらい

2023年6月、外国人の収容のあり方を見直す改正入国管理法が成立しました。政府が重要法案に位置づけた今回の改正は、外国人の長期収容問題を改善するのが目的。本当に保護すべき人々を確実に保護し、在留が認められない人の迅速な送還を可能にするルールが定められています。

外国人の長期収容については、市民団体や国際社会からも人権上の問題点が指摘されていましたが、自民・公明両党と日本維新の会、国民民主党などの賛成多数で成立、立憲民主党、共産党などは反対の立場をとりました。

◎スリランカ人女性の死亡事件で採決見送りの過去

入国管理局施設での収容期間の長期化が問題となり、政府は2021年にも今回成立した法案の成立をめざしました。しかし、名古屋の入国管理局施設に収容されていたスリランカ人女性が十分な治療を受けられずに死亡したことで入国管理局への批判が強まり、国会での採決が見送られたという経緯があります。

不法滞在者の扱いを厳格化

改正法では、不法滞在者の扱いを厳格化している点がポイントです。難民認定の手続き中は強制送還を一律に停止する規定（送還停止効）に例外を設け、3回目以降の申請者については送還できるようにしています。従来は送還を逃れるため、難民申請を繰り返して滞在するケースが多くみられたことを踏まえての規定になります。

ただし、3回目以降の申請であっても、難民であることなどを認定すべき「相当の理由がある資料」が提出された場合、送還は停止されます。

◎施設への収容を長期化させないルール

また従来は原則、国外に送還するまでの間は施設に収容することになっていましたが、入国管理局が認めた支援者らである「監理人」のもとで生活できることなども法律に盛り込まれています。

さらに、収容の長期化をできるだけ避けるため、そのまま収容を続けるべきか3か月ごとに検討する制度も新設。一方、航空機内で暴れるなど送還を妨げる行為には、懲役1年以下の罰則を科すことも規定しています。

ウクライナの避難民を「難民」として受け入れ

紛争地からの避難民について、難民に準ずる「補完的保護対象者」として受け入れる規定も新設されました。これまでは、国連難民条約の規定に合う人についてのみが難民と認められていました。この規定上では、ウクライナからの避難民は「難民」に含まれませんでしたが、法改正で補完的保護対象者には難民と同じく定住者の在留資格を与えることを定めています。また、国民年金を支給し、永住許可の要件を緩和することも盛り込まれています。

◎ 従来の入国管理法の問題点

❶送還忌避問題	違法行為をした場合、強制送還の対象となり、一定数の外国人が出国を拒む状況があったが、従来の規定では対応できなかった。
❷収容の長期化	強制送還が確定した外国人は収容施設に収容されるが、収容された外国人が強制送還を拒否したり、難民申請を繰り返したりで、収容期間が長期化するという問題があった。
❸難民を保護する制度が不十分	難民条約上、「難民」に該当するには、人種、宗教、国籍、特定の社会的集団の構成員であること、政治的意見の理由により迫害を受けるおそれがあること、が要件で紛争避難民は該当しなかった。

日本の難民認定率は先進国の中では極端に低く、他の国で認定されるケースでも日本では認定が難しいのが実情。日本で難民申請中の人を送還すれば祖国で迫害を受ける恐れもあり、難民条約をはじめとする国際法違反だと国連機関などが指摘していた。

ミニ試験問題にチャレンジ

間違っているのはどっち？

1 改正法では、難民認定の手続き中は強制送還を一律に停止するという規定に例外を設け、4回目以降の申請者は送還できるようにしている。

2 紛争地からの避難民について、難民に準ずる「補完的保護対象者」として受け入れる規定が新設された。

答え：1　3回目以降の申請者については送還できる。

法律

刑法／性的な姿態を撮影する行為等の処罰及び押収物に記録された性的な姿態の影像に係る電磁的記録の消去等に関する法律

刑法改正／性的姿態撮影等処罰法

ここが出る！
性犯罪の処罰要件を明確化

出題予想
東京都： ★★★
特別区： ★★★

性犯罪の規定を見直し

2023年6月、性犯罪規定を見直し、強制性交罪などを「不同意性交罪」に名称変更して処罰要件を明確化する改正刑法が成立しました。改正により、性的行為に関して意思決定できるとみなす「性交同意年齢」は13歳から16歳に引き上げられ、16歳未満への行為は原則、処罰されることになります。

◎性犯罪の構成要件を８つに拡大

従来の刑法では、強制性交などの罪は「暴行や脅迫」を用いることのみが構成要件でしたが、被害者側は暴行や脅迫がないケースであっても、恐怖で体が硬直してしまい抵抗できないこともあるとして、見直しが求められていました。

この点を法改正に反映して、構成要件として従来の「暴行や脅迫」に加えて、「アルコールや薬物の摂取」「同意しない意思を表す暇を与えない」「恐怖・驚がくさせる」など８つの行為を条文で列挙。そして、これらに類する場合も処罰するとしています。

罪名の変更と時効の延長

罪名も、「強制性交罪」は「不同意性交罪」に、「強制わいせつ罪」は「不同意わいせつ罪」へと変更。上記８つの行為によって被害者を「同意しない意思」を表すことが難しい状態にさせたうえで性交したケースなどが、これら罪に該当することとなります。

さらに、時効は５年延長されて不同意性交罪は15年となり、被害時に18歳未満であれば18歳になるまでの期間も加算して算出されます。性犯罪は被害の認識・申告に時間が必要になることもあり、さらなる延長を求める声も多く、改正法の付則に施行５年後の見直しを加えています。

◎性交同意年齢の引き上げ

原則16歳未満との性行為は処罰されますが、同年代同士の行為は罰せず、被害者が13歳から15歳の場合の処罰の対象については、５歳以上年上の相手としています。性交同意年齢の引き上げにより、中学生らの性被害を防ぐのがねらいです。また、わいせつ目的で16歳未満に金銭提供するなどして手なずける「面会要求罪」「映像送信要求罪」も創設されています。

盗撮のための新法

性的部位や下着などの撮影・盗撮などを防ぐ新たな規定も定められました。「性的姿態撮影等処罰法」の新設により、わいせつな画像を撮影したり、第三者に提供したりする行為は「撮影罪」「提供罪」として処罰されます。撮影罪は、3年以下の拘禁刑（懲役・禁錮を統合し2025年までに新設される刑罰）または、300万円以下の罰金と規定されています。

◎ 性的姿態撮影等処罰法の内容

罪名	構成要件	刑罰
❶撮影罪	性的部位や下着などの盗撮、不同意での性交等の撮影。	3年以下の拘禁刑もしくは300万円以下の罰金
❷提供罪	盗撮画像を他人に提供。	
❸公然陳列罪	盗撮画像をネット上にアップ。	5年以下の拘禁刑もしくは500万円以下の罰金、または併科
❹保管罪	提供目的で盗撮画像を保管。	2年以下の拘禁刑もしくは200万円以下の罰金

「**拘禁刑**」…刑法改正により2025年に施行される、犯罪を起こした人に対して刑務所などへの収容・拘束を行う刑のひとつ。自由刑の中の「懲役」と「禁錮」を一本化して新たに創設される。

ミニ試験問題にチャレンジ **間違っているのはどっち？**

1 改正法により、性的行為に関して意思決定できるとみなす「性交同意年齢」は16歳から18歳に引き上げられる。

2 性犯罪の構成要件は、「暴行や脅迫」「アルコールや薬物の摂取」「同意しない意思を表す暇を与えない」など8つの行為が該当する。

答え：1 「性交同意年齢」は13歳から16歳に引き上げられる。

最頻出 8

法律 特定受託事業者に係る取引の適正化等に関する法律

フリーランス新法

ここが出る！
企業に対する義務づけの内容

出題予想
東京都：★★★
特別区：★★★

組織に属さないフリーランスを守る法律

2023年4月、「フリーランス」として働く人が、安定的に働ける環境を整備するため、業務を委託する事業者に業務内容や報酬をあらかじめ示すことなどを義務づける法律が成立しました。従来の下請法にも不公正な取引を禁じる規定はありましたが、資本金1000万円以下の小規模な発注企業は取り締まりの対象外で、フリーランス保護の抜け穴になっていました。このような状況下で働くフリーランスが、仕事と育児・介護を両立できるよう、企業に配慮を求める制度も新法には盛り込まれています。

組織に対して立場の弱い個人であるフリーランスを保護する今回の新法の法案は、全会一致で可決しています。

◎取引先とのトラブルを経験したのは4割

企業や組織などに所属せず、企業などから業務の委託を受けて働くフリーランスについては、事業者から一方的に契約内容を変更されたり、報酬の支払いが遅れたりするトラブルが相次いで報告されていました。政府が2020年に実施した調査では、フリーランス人口は462万人で就業者全体の約7%を占めており、企業の委託を受けて仕事をするフリーランスのうち、取引先とのトラブルを経験した割合は4割近かったことがわかっています。また、トラブル発生後、フリーランスが企業などに交渉することなく受け入れてしまうケースは2割程度あったとしています。

企業への義務と罰則

新法では、フリーランスに業務を委託する企業に、仕事の範囲や報酬額を書面、メールであらかじめ明示することを義務付けています。発注した仕事の成果物を受けとってから60日以内に報酬を支払うことも定めており、違反した場合には50万円以下の罰金が科せられます。

また、不当な報酬の減額なども禁止しており、公正取引委員会などから出される是正を求める命令に違反した場合は、50 万円以下の罰金を科すとしています。

フリーランスの労働環境も整備

フリーランスには組織との雇用関係がないため、従来は労働基準法などの法令は適用されませんでした。このような状況を考慮し、フリーランスの労働環境整備も規定されています。

具体的には、フリーランス側からの申し出に応じて出産や育児、介護と業務との両立に配慮することや、ハラスメント行為に対する相談対応など、必要な体制の整備などが挙げられます。ただし、対象となるのは継続的業務委託であり、一度限りの契約の場合は対象となりません。

これらに、違反した場合には勧告などの行政指導を行うとしています。

◎ フリーランス新法の概要

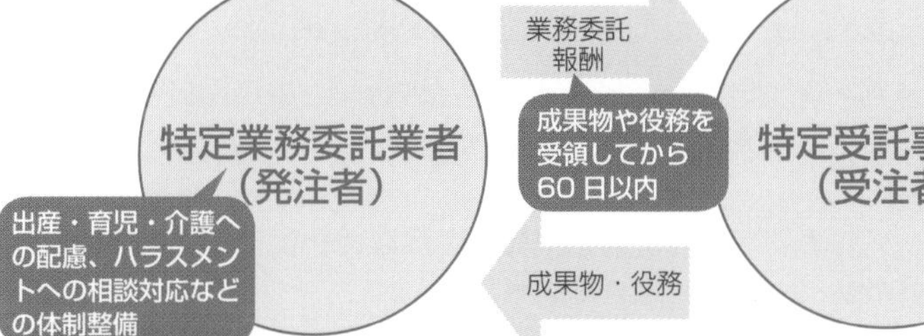

新法ではフリーランスを「特定受託事業者」と定義。物品の製造や、情報成果物の作成または役務（サービス）の提供を指す「業務委託」をされる相手方であり、従業員を雇わない事業者である。また、フリーランスに業務委託を行う側は「特定業務委託事業者」としている。

ミニ試験問題にチャレンジ　間違っているのはどっち？

1 新法では、フリーランスに業務を委託する企業に、仕事の範囲や報酬額を書面、メールであらかじめ明示することを義務付けている。

2 フリーランスとのすべての契約において、出産や育児、介護と業務の両立に配慮するなど必要な体制の整備を企業は行う必要がある。

答え：2　対象となるのは継続的業務委託。

最頻出
9

法律 マイナンバー法

行政手続における特定の個人を識別するための番号の利用等に関する法律

ここが出る！
期限が1年の資格確認書

出題予想
東京都：★★★
特別区：★★★

健康保険証との一本化を明記

2023年6月、行政のデジタル化を進めるための改正マイナンバー法が成立しました。自民、公明両党と日本維新の会、国民民主党が賛成、立憲民主党などは反対に回りました。

2024年秋に現行の健康保険証を廃止して「マイナ保険証」に一本化するほか、マイナンバーの年金受給口座とのひもづけを進める内容が盛り込まれています。改正法の成立にあたっては、個人情報の漏洩防止の徹底や、すべての被保険者が保険診療を受けられるための措置の導入などを盛り込んだ付帯決議も採択されています。

なお、マイナカードをめぐっては、他人情報の登録などトラブルが相次いで発覚しており、制度の改善への声も噴出しました。

マイナ保険証がない人のための「資格確認書」

改正法では、マイナ保険証への移行にともない、マイナカードを取得しない人でも保険診療を受けられるよう、本人からの申請にもとづいて保険者が「資格確認書」を発行する制度も新設。資格確認書の期限は1年とする方針で、カードへの移行を促すため、マイナ保険証の利用者よりも受診時の窓口負担を割高にする方針も明らかにしています。そして、施行後も最長1年間は現行の健康保険証を使える特例措置も規定しています。

マイナ保険証については、患者が同意すれば、医師や薬剤師が過去の診療情報を見ることができるようになります。なお、乳幼児の顔つきは成長で変わるため、1歳未満に交付するマイナ保険証カードには顔写真は不要であるとしています。

マイナンバーカードの利用範囲の拡大

改正法では、マイナンバーの利用範囲の拡大も定めています。これまでの社会保障や税、災害対策の3分野に、国家資格の取得・更新や自動車登録の手続きなどを加えることや、これらに「準ずる事務」も対象にするとしています。

また、マイナカードを申請しやすくするため、在外公館での交付・更新や市町村が指定した郵便局での交付手続きも可能になります。

◎年金口座とマイナンバーとのひもづけ

改正法では政府の給付金を迅速に配るため、金融口座の登録を拡大させる措置も盛り込んでいます。口座とのひもづけにより、自治体からの給付金の迅速な支給につなげるとしています。年金受給者を対象に、年金口座をマイナンバーとひもづけ「公金受取口座」にする仕組みも導入。年金受給者には、日本年金機構から口座ひもづけに同意するかどうかを確認する通知が届き、回答が 1 カ月なければ同意したとみなされます。ただし、すでに公金受取口座を登録済みの年金受給者は対象外となります。

◎ 改正マイナンバー法の概略

❶マイナ保険証の実質義務化	マイナカードを持たない人には資格確認書を発行。
❷給付金受取口座の登録拡大	年金口座をマイナンバーとひも付け。
❸マイナンバーの利用範囲拡大	税・社会保障・災害対策以外の分野でもマイナンバーを利用可能にする。
❹マイナカードの普及	在外公館でマイナンバーカードを交付。郵便局でも申請受付。
❺氏名にふりがな	マイナンバーカードに氏名のふりがなを記載。

2023 年 9 月、政府の個人情報保護委員会はデジタル庁と国税庁を行政指導した。デジタル庁については国民の生活に直結する個人データの安全管理対策の不備を問題視し、本人確認の手法の改善や、個人情報漏洩時に適切に対応するよう改善することを求めた。

ミニ試験問題にチャレンジ

間違っているのはどっち？

1 新法には、健康保険証を存続しつつも、マイナ保険証を利用できるようにするための内容が盛り込まれた。

2 年金受給者を対象に、年金口座をマイナンバーとひもづけ「公金受取口座」にする仕組みを改正法で導入している。

答え：1　現行の健康保険証を廃止して「マイナ保険証」に一本化する内容。

法律　脱炭素成長型経済構造への円滑な移行の推進に関する法律

GX 推進法

ここが出る！
新国債「GX 経済移行債」を発行

出題予想
東京都：★★★
特別区：★★★

脱炭素社会の実現に向けた新法

2023 年 5 月、脱炭素社会の実現に向けた新法 GX（グリーントランスフォーメーション）推進法が成立しました。法案成立に際しては、衆議院を通過したあと参議院で、産業や地域社会に大きな影響を与えないよう「公正な移行」を行うとする内容が加えられ、衆議院本会議で修正部分について改めて採決が実施されました。参議院で法案が修正され衆議院で改めて採決されて成立するのは、2018 年以来 5 年ぶりです。

採決にあたっては、自民・公明両党や立憲民主党、日本維新の会、国民民主党などが賛成しましたが、立憲民主党は修正部分以外は反対しています。

新たな形で発行される「GX 経済移行債」

新法では、10 年間で 20 兆円規模となる新しい国債「GX 経済移行債」を発行できるようにし、民間資金と合わせて 150 兆円超の脱炭素投資を進めることを定めています。

GX 経済移行債は、2023 年度から発行する計画で、新法の成立を受けて詳細な制度設計を急ぐとしています。また、国際的な認証を取得し、通常の国債と区別できる新たな形で発行する方向が示されています。

◎事業者から賦課金を徴収し財源に

GX 経済移行債の財源として、2028 年度から化石燃料を輸入する電力会社や石油元売り会社などの事業者から賦課金を徴収するとしています。また、2033 年度以降は発電事業者からも負担金を集め、これらを移行債の償還財源にあてるとしています。

目標は 2050 年の温暖化ガス排出を実質ゼロに

政府は 2023 年 2 月に閣議決定した GX 基本計画にもとづいて、2050 年の温暖化ガス排出の実質ゼロを目指しています。この計画の推進に大きな影響力を持つ新法は、経済成長と脱炭素を両立するため、先に挙げたGX経済移行債の発行のほか、企業などが削減した二酸化炭素の排出量に値段をつける「カーボンプライシング」の導入なども盛り込んでいます。

◎国内初の試みであるカーボンプライシング

本格的なカーボンプライシング（炭素排出への課金）の導入は、国内初の試みとなります。この制度は、企業などが排出量の削減目標を達成できなかった分を市場から買い取らせるものであり、金銭的な負担を求めることで、脱炭素社会を推し進めるのがねらいです。

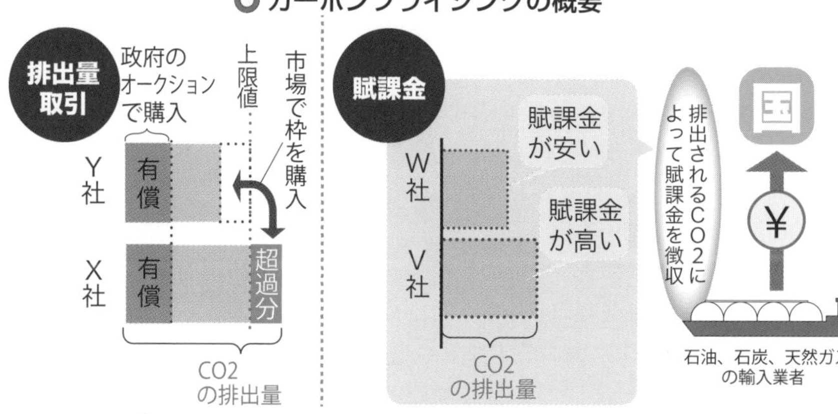

カーボンプライシングには、炭素税、排出量取引、カーボン・クレジット取引（温室効果ガスの排出削減量を主に企業間で売買可能にするしくみ）、インターナル・カーボンプライシング（企業が自社の排出するCO2に価格付けを行う）などの手法がある。

ミニ試験問題にチャレンジ **間違っているのはどっち？**

1 新法では、10年間で150兆円規模となる新しい国債「GX経済移行債」を発行できるようにし、脱炭素投資を進めることを定めている。

2 新法には、企業などが削減した二酸化炭素の排出量に値段をつける「カーボンプライシング」の導入を盛り込んでいる。

答え：1　民間資金と合わせて150兆円超の脱炭素投資となることを規定。

最頻出 11

法律 GX脱炭素電源法

脱炭素社会の実現に向けた電気供給体制の確立を図るための電気事業法等の一部を改正する法律

ここが出る！
原発の60年超の運転が可能に

出題予想
東京都：★★★
特別区：★★★

原子力発電所の運転期間を見直す政策転換

2023年6月、原子力発電所の運転期間を60年超へ延長することを盛り込んだGX（グリーントランスフォーメーション）脱炭素電源法が成立しました。2011年の東京電力福島第一原発事故後に定めた原発運転期間の上限を見直す政策転換であり、既存の原発を可能な限り活用し、電力の安定供給と温暖化ガスの排出削減を目指す内容になっています。

◎5つの法律改正案を一本化

この法律は、電気事業法や原子炉等規制法（炉規法）、原子力基本法、使用済み燃料再処理法、再生可能エネルギー特別措置法の5つの法律改正案を一本化したものです。法律には、原発が立地する地域だけでなく「電力の大消費地である都市の住民」の信頼を確保し、協力を得ることを国の責務とする内容も盛り込んでいます。

「原則40年、最長60年」の制度を変更

法律は政府の「GX実現に向けた基本方針」に沿った内容になっており、「原則40年、最長60年」という原発の運転期間は原子炉等規制法から削除し、新たに経済産業省が所管する電気事業法に明記。安全審査で停止した期間などは運転期間から除外しています。

◎事実上、60年超の運転が可能に

日本は東京電力福島第一原発の事故後に、「原則40年、最長60年」という運転期間を定めたという経緯があります。今回の制度変更では、その枠組みは維持しながら、安全審査や裁判所の命令など事業者が予想できない理由による停止期間を除くことで事実上、60年超の運転が可能になるというものです。

また、政府の原子力規制委員会が安全審査する体制は変えませんが、経済産業省が「脱炭素と電力の安定供給に資する」と判断した場合には運転期間を延長できる仕組みにします。

60年超の原発の安全規制

30年を超えて運転する原子力発電所の原子炉の安全規制に関しては、最長10年ごとに劣化状況を評価し、認可を受けることを義務付けています。本法律で原子力規制委員会は、運転開始から60年超の原発の審査について、40年目の特別点検と同じ項目の追加点検を実施するとしています。

◎電力安定供給と脱炭素社会実現は国の責務

法律では、原子力発電所を活用して電力の安定供給や脱炭素社会の実現につなげることを「国の責務」と明確に位置づけ、人材育成や技術開発のために必要な産業基盤を維持・強化する方針も盛り込んでいます。

◎ 国際的な電源構成比率の比較（日本は2019年、以外は18年）

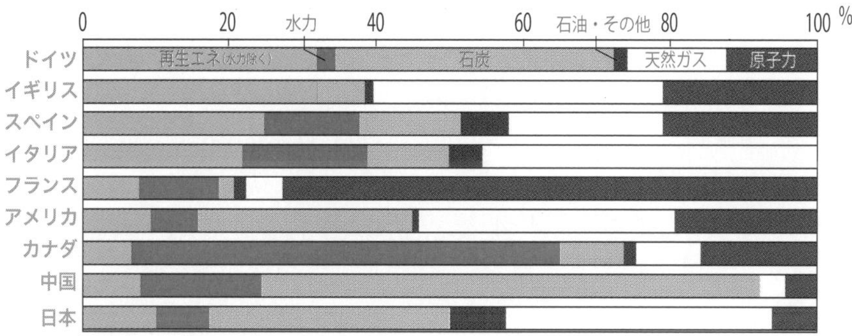

政府は、2021年に閣議決定したエネルギー基本計画で、2030年度の電源構成全体に占める原子力発電の割合を「20%から22%」に増大させる目標を掲げている。

間違っているのはどっち？

1 本法律は、安全審査で停止した期間などは運転期間から除外することで、事実上、60年超の運転が可能になる法律である。

2 法律では、原子力発電所を活用して電力の安定供給やデジタル社会の推進につなげることを「国の責務」と明確に位置づけている。

答え：2　電力の安定供給や脱炭素社会の実現を「国の責務」と明記。

法律
民法改正（嫡出推定等）

ここが出る！
300日以内に生まれた子も現在の夫の子に

東京都：★★★
特別区：★★★

女性に課されていた再婚に関する制約を撤廃

2023年4月、子が生まれた時期から父親を推定する「嫡出推定」制度を見直す改正を、2024年4月より施行することが発表されました（成立は2022年12月）。改正により、離婚後300日以内に生まれた子は前夫の子と推定する規定の例外として、女性の再婚後なら現夫の子と推定すると規定。それにともない女性の再婚禁止期間も撤廃されます。

改正法の施行により、これまで女性にだけ課されていた再婚に関する制約がなくなることになります。

戸籍のない子が生じる原因となっていた嫡出推定

明治から続く民法の「嫡出推定」の制度では、女性が結婚してから200日経過後に産んだ子どもは現在の夫の子とし、離婚から300日以内に生まれた子は前の夫の子と推定することが規定されていました。この規定の存在で、前夫の子とみなされることを避けたい母親が出生届を出さず、戸籍のない子が生じる主な原因と指摘されていました。

◎ 100日間の再婚禁止規定も廃止

こうした課題を踏まえて民法を改正し、再婚している場合は離婚から300日以内に生まれた子であっても、現在の夫の子と推定することができるようになります。

この制度変更にともなって、前夫と現在の夫で法律上、父親が重複する可能性がなくなるため、従来は女性に限って離婚から100日間は再婚が禁止されていましたが、この規定も廃止されています。

嫡出否認について父親以外も可能に

生まれた子と父親が「本当の親子ではない」と否認するケースでは、父親と子の関係を解消するための「嫡出否認」の手続きがとられます。この場合、従来は父親だけに摘出否認の手続きが認められていましたが、改正で子も手続きができるようになります。未成年の子の場合、母親か未成年後見人が代理で権利を行使することもできるようにします。そして、この手続きを訴えることができる期間は、1 年から原則 3 年に延長されます。

◎懲戒権の削除で児童虐待防止へ

改正法では、親権者に子を戒めることを認める「懲戒権」を民法から削除し、子の人格の尊重を促す規定が追加されています。「しつけ」を口実に虐待が正当化されかねない点に配慮し、体罰や「健全な発達に有害な言動」も許されないとしています。

◎ 従来法での嫡出推定と再婚禁止期間の関係

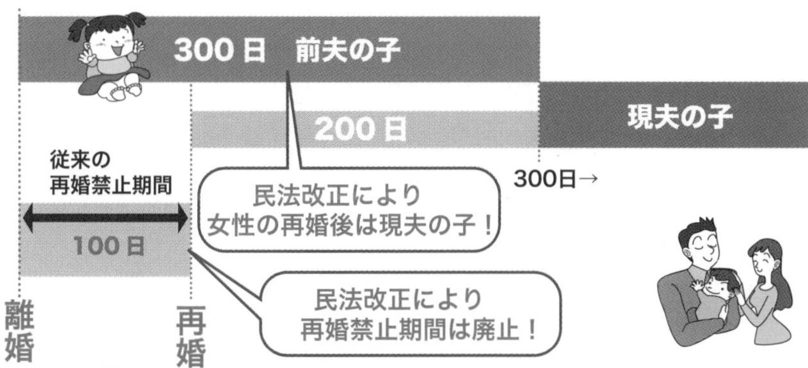

2015 年、女性は離婚後 6 カ月が経たないと再婚できない民法の規定が憲法に違反するかが争われた訴訟で、最高裁は再婚禁止期間の 100 日を超える部分については違憲とする初の判決を出した。この判決を受けて、翌年に再婚禁止期間が 100 日に短縮された。

ミニ試験問題にチャレンジ

間違っているのはどっち？

1 改正法は、離婚後 300 日以内に生まれた子は前夫の子と推定する規定の例外として、女性の再婚後なら現夫の子と推定するとしている。

2 従来は女性に限って離婚から 200 日間は再婚が禁止されていたが、改正法では、この規定も廃止している。

答え：2　女性に限って離婚から 100 日間は再婚が禁止されていた。

最頻出 13

法律 こども家庭庁設置法

ここが出る！
見送られた幼保一元化

出題予想
東京都：★★★
特別区：★★★

こども家庭庁創設のための法律

2023年4月、子ども政策の司令塔となる「こども家庭庁」が、前年6月に成立した「こども家庭庁設置法」等にもとづき創設されました。

少子化に歯止めがかからない近年の日本において、内閣府の外局に設置されたこども家庭庁は省庁の縦割りを排し、従来、組織の間でこぼれ落ちていた子どもに関する福祉行政を担うのが目的で、他省庁への勧告権を持つことになります。

◎民間人材も登用

こども家庭庁は首相の直轄組織であり、子ども政策担当大臣やこども家庭庁長官が配置されることになります。厚生労働省や地方自治体などから職員を集め、さらに民間人材も登用することで300人規模の体制となりました。子ども政策担当の内閣府特命担当大臣には、各省庁の子ども政策に対して改善を求めることができる「勧告権」を持たせます。また、庁内には有識者などをメンバーとする「こども家庭審議会」も設定され、調査や審議が行われます。

子ども政策を一元的に集約

新法では、保育所と認定こども園の所管を、それぞれ厚生労働省と内閣府から同庁に移すことを規定。厚生労働省や内閣府の子ども関係の部局は、ほぼすべてが新組織に移管されると定めています。

このことで、これまで各府省庁が別々に行ってきた子ども政策を一元的に集約し、少子化、子どもの貧困、虐待防止対策など幅広い分野について、こども家庭庁が一元的に企画、立案、総合調整を行えるようにします。

◎教育分野は従来通り文部科学省

こども家庭庁は、所轄の移管により厚生労働省所管であった保育所と、内閣府の認定こども園を担当することになりますが、幼稚園や義務教育などの教育分野については、従来通り文部科学省が担当することになりました。結果として、長年の課題だった幼保一元化は見送られることになり、こども家庭庁がこども政策の面で 100 パーセント機能するのか不安視される声もあがっています。

こども家庭庁を構成する３つの部門

法にもとづいてこども家庭庁の中は、次の３つの部門で構成されます。

「企画立案・総合調整部門」は、全体をとりまとめる部門で、各府省庁が別々に行ってきた子ども政策を一元的に集約し、子どもや若者から意見を聞くなどして、子ども政策に関連する大綱を作成します。

「成育部門」は、子どもの安全・安心な成長のための政策立案を担います。子どもの性被害を防ぐためのしくみや、子どもが事故などで死亡した際の検証、再発防止につながるしくみも検討するとしています。

「支援部門」は、虐待やいじめ、ひとり親家庭など、困難を抱える子どもや家庭の支援にあたります。介護をする若年層を意味する「ヤングケアラー」の早期把握に努め、福祉や介護、医療などの関係者が連携して必要な支援を行います。

こども家庭庁の組織

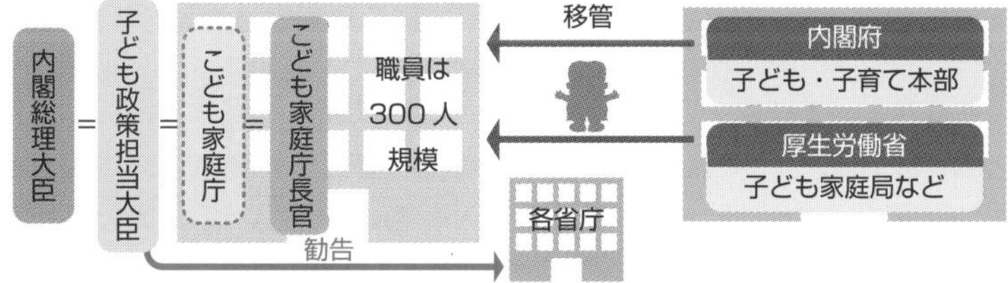

「**幼保一元化**」…幼稚園と保育園の一元化をめざす政策。所管や法令、目的、対象年齢で明確に区別されていた２つの施設を一元化することで、教育水準の均等化や育児サービスの効率化をはかる。

ミニ試験問題にチャレンジ

間違っているのはどっち？

1 こども家庭庁は省庁の縦割りを排し、従来、組織の間でこぼれ落ちていた子どもに関する福祉行政を担う。

2 こども家庭庁は、所轄の移管により幼稚園や義務教育などの教育分野についても担当することになった。

答え：2　幼稚園や義務教育などの教育分野については、従来通り文部科学省が担当。

最頻出 14

法律 新型インフルエンザ等対策特別措置法等

ここが出る！
首相の指示権を強化

出題予想 東京都：★★★ 特別区：★★★

感染症への対策を一元的に行う司令塔を新設

2023年4月、感染症への対策を一元的に行う司令塔「内閣感染症危機管理統括庁」の創設を盛り込んだ、新型インフルエンザ等対策特別措置法の改正が成立しました。新型コロナウイルスで初動対応が遅れた反省をふまえて、国の指示権限を強化するのがねらいです。

◎有事には101人体制の組織に拡大

内閣感染症危機管理統括庁は内閣官房に置かれ、政府行動計画の策定や、政府対策本部の運営、関係省庁の業務の調整などに必要な事務を担うことになります。内閣感染症危機管理統括庁のトップとなる「内閣感染症危機管理監」には内閣官房副長官の一人をあて、次長級の「内閣感染症危機管理対策官」は厚生労働省の医務技監が兼務。専従職員は平時に38人、有事の際には101人とすることを規定しています。

首相の指示権の強化

改正法には、首相が都道府県知事や国の行政機関トップに対策を指示できる時期の前倒しが盛り込まれています。首相からの指示は、従来は緊急事態宣言の発令時やまん延防止等重点措置の適用時に限っていましたが、国民の生活や経済に甚大な影響を及ぼす恐れがあると首相が判断した場合、政府が対策本部を設置した時点で首相が指示権を発動できるようになります。

また、事業者に対する時短要請などの実効性を高めるため、命令が必要かどうかを判断する目安を明確に定めるとしています。

国立健康危機管理研究機構は日本版CDC

2023年5月には、国立健康危機管理研究機構法が成立しました。この法律にもとづき、国立感染症研究所と国立国際医療研究センターを統合し、感染症の調査・分析から臨床対応までを一体で担う「国立健康危機管理研究機構」を新設。新機構はアメリカの疾病対策センター（CDC）を参考にしており、「日本版CDC」という位置づけとなります。政府が全額出資する特殊法人として2025年度以降に設立され、コロナ禍の教訓を踏まえ、パンデミック（世界的大流行）の初動対応を強化するのがねらいです。

同機構は、感染症に関して国際的な情報も含めて収集し、国内の疫学・臨床研究にあたります。感染症の流行初期には臨床現場から病原体などのデータを集め、隔離・待機の必要性や診療手段の検討につなげます。

コロナ禍では専門的な知見の収集が遅れ、感染対策が後手に回ったとの指摘があったことの反省から、治療薬や検査技術について基礎から臨床研究まで一貫して取り組むことで迅速な開発・供給を実現。「内閣感染症危機管理統括庁」に分析結果などを情報提供する役割を果たします。

◎ 内閣感染症危機管理統括庁の役割

対応案の提言
専門家ネットワーク

司令塔
内閣感染症危機管理統括庁

研究開発
医療機関や規制当局、企業など

連携役
厚生労働省感染症対策部

2023年9月に発足した内閣感染症危機管理統括庁のトップである内閣感染症危機管理監には、栗生俊一官房副長官が就任。内閣感染症危機管理統括庁の発足に合わせて内閣官房の新型コロナウイルス等感染症対策推進室は廃止された。

間違っているのはどっち？

1 内閣感染症危機管理統括庁は厚生労働省の外局として設置され、政府行動計画の策定や、政府対策本部の運営などを担うことになる。

2 改正法では、国民の生活や経済に甚大な影響を及ぼす恐れがあると首相が判断した場合、対策本部を設置した時点で首相が指示権を発動できる。

答え：1　内閣感染症危機管理統括庁は内閣官房に置かれた。

最頻出
15

法律　防衛省が調達する装備品等の開発及び生産のための基盤の強化に関する法律
防衛装備品生産基盤強化法

ここが出る！
4分野に取り組む企業の経費を国が支援

東京都：★★★
特別区：★★★

防衛産業を支援する法律

2023年6月、防衛産業を支援する防衛装備品生産基盤強化法が成立しました。戦闘機や艦船といった防衛装備品の安定的な製造を確保しつつ、装備品の輸出促進を目的とするもので、防衛産業を包括的に支援する初めての法律になります。具体的には、製造工程の効率化などにともなう経費について、国が支援するとしています。防衛産業の企業の事業継続が難しい場合には、製造施設・設備を国が一時的に保有（国有化）する制度も設け、装備品の開発・生産のための基盤強化に関する基本方針の策定を国に義務づけています。

政府が防衛産業の支援に取り組むのは、低い利益率から撤退する企業が相次いぐ現状を考慮し、それを防ぐのがねらいです。

◎備品の設計の一部を担う中小サプライヤー企業も対象

同法は、装備品の輸出について、相手国のニーズに合わせて装備品のデザインや配線、性能などの仕様を変える場合、企業に助成金を交付する基金を設置。2023年度予算に関連経費400億円を計上するとしています。

支援するのは4分野に取り組む企業

国が経費を支援する対象になる企業は、製品の原材料・部品の調達先であるサプライチェーン（供給網）の多様化、製造工程の効率化、サイバーセキュリティーの強化、事業継承、の4分野に取り組む企業です。助成金の交付対象として、大手である東証プライム企業に加え、装備品の設計の一部を担う中小のサプライヤー企業も加えています。

◎情報保全は強化

支援の一方で情報保全は強化します。防衛省が提供する関連情報を「装備品等秘密」に指定し、企業の社員らが漏えいした場合は、「1年以下の拘禁刑または50万円以下の罰金」とする罰則を設定。また、サプライチェーンを国が把握するため、防衛省の調査に回答する努力義務を企業に課します。

防衛装備品の開発・生産に関する基本方針

2023年10月には、防衛装備品の開発・生産に関する基本方針を決定。国家安全保障戦略で重視する方針を打ち出した装備の海外輸出（装備移転）について、「官民一体となって推進していく」とし、弾薬や艦船については国産を追求することを明記しています。企業には国防を担う重要な存在であるとの認識を持つことを求め、事業継続が困難な場合であっても、必要に応じて国が新たに工場を建設するといったことも盛り込んでいます。

また、ウクライナ情勢を踏まえ、他国への装備品供与や、有事の日本支援を想定した「国際標準に準拠した仕様」での開発の必要性にも触れています。

防衛装備品生産基盤強化法の概要

防衛省

装備品安定製造等確保計画の提出（防衛産業企業→防衛省）

防衛大臣による計画の認定（防衛省→防衛産業企業）

装備品安定製造等確保に係る措置
- サプライチェーン強靭化
- 製造工程効率化
- サイバーセキュリティ強化
- 事業承継等

防衛産業企業

防衛装備庁は、防衛力強化に必要な技術分野などをまとめた「防衛技術指針2023」も公表。無人化やサイバー防御など12の技術分野を挙げ、可能なものは10年以内の装備化を検討する方針を明記した。

ミニ試験問題に チャレンジ **間違っているのはどっち？**

1 装備品の輸出について、相手国のニーズに合わせて仕様を変える場合に企業に助成金を交付する基金の設置も法律に盛り込んでいる。

2 法律で定められた「装備品等秘密」を企業の社員らが漏えいした場合は、企業名が公表されるが罰則は設定されていない。

答え：2　1年以下の拘禁刑または50万円以下の罰金を設定。

最頻出 16

法律 法人等による寄付の不当な勧誘の防止等に関する法律

被害者救済法

ここが出る！
宗教法人などが勧誘する際の配慮義務

出題予想 東京都：★★★ 特別区：★★★

悪質な寄付の勧誘を禁止

2023年1月、世界平和統一家庭連合（旧統一教会）問題を受けた被害者救済法が施行しました。自民党・公明党の与党と、立憲民主党、日本維新の会、国民民主党などの賛成多数での成立となり、宗教団体などの法人を対象に悪質な寄付の勧誘を禁止する内容になります。

◎寄付勧誘時の法人の配慮義務規定を修正

法律の成立にあたっては、自民、立憲などが共同で、寄付勧誘時に法人が配慮しなければならない配慮義務規定を「十分に配慮」とより強い表現に修正し、施行後3年をめどとしていた見直し規定も2年に短縮。また、配慮義務の具体例を示すなどして国民に周知することを求める付帯決議を採択しています。同法改正にともない、関連で霊感商法の被害救済に向けた消費者契約法と国民生活センター法の改正案も全会一致で可決しています。

勧誘する際の配慮義務

被害者救済法では、宗教法人などの団体が勧誘をする際に3つの「配慮義務」を定めています。具体的には、①自由な意思を抑圧しない、②寄付者やその家族の生活維持を困難にさせない、③勧誘する法人を明らかにし使途を誤認させない、を規定しています。

◎子どもや配偶者が返還を求めることが可能に

寄付者を困惑させる不当な勧誘も定義されています。例えば、不安をあおり、不安につけ込むことや威迫などを罰則付きの禁止行為とし、寄付の取り消しの対象としています。借金をしたり、生活に不可欠な資産を処分したりして資金調達するよう求めることも禁じています。

禁止行為があり、国の措置命令に従わない場合は、1年以下の懲役または100万円以下の罰金を科します。扶養されている子どもや配偶者についても、寄付した本人に代わって扶養の範囲内で返還を求めることが可能になります。

法律に盛り込まれた禁止行為違反とほぼ同じ措置

宗教法人などが配慮義務を怠った場合は行政機関が勧告し、従わなければ法人名を公表できるようになります。また、必要な場合は団体に報告を求めるとし、従わなければ罰則規定はないものの禁止行為の違反とほぼ同じ措置を盛り込んでいます。

立憲民主党、日本維新の会は、３つの配慮義務は禁止規定とは異なり、違反しても罰則の対象にならないため禁止規定に格上げするよう求めてきましたが、この点については法律に反映されませんでした。

◎ 被害者救済法の概要

対象
個人から法人・団体への寄付

配慮義務
①自由な意志を抑圧しないようにする
②生活の維持を困難にしないようにする
③寄付の相手方と使途を誤認させない

禁止行為
寄付を勧誘する際、
次の行為で困惑させること
①不退去
②退去妨害
③退去困難な場所へ同行
④威迫する言動を交え相談の連絡を妨害
⑤恋愛感情に乗じ関係破綻を告知
⑥霊感などを用いた告知

取り消し可能
借り入れや、住宅、生活の維持に欠かせない事業用資金の処分によって資金調達を要求すること

禁止行為に対する行政措置
報告徴収、勧告、命令

罰則
虚偽報告　50万円以下の罰金
命令違反　1年以下の拘禁刑、100万円以下の罰金

家族の救済
子や配偶者が将来受け取れるはずの養育費などの範囲内で、寄付の取り消し権と返還請求権を行使できる

2023年10月、高額寄付を組織的な違法行為とし、政府は世界平和統一家庭連合（旧統一教会）に対する解散命令を東京地裁に請求。12月には、解散する可能性のある団体からの財産移転を監視・保全するための旧統一教会の被害者救済法が成立している。

ミニ試験問題に

間違っているのはどっち？

1　寄付者を困惑させる不当な勧誘も定義されたが、不安をあおり、不安につけ込むことは禁止行為としていない。

2　宗教法人などが配慮義務を怠った場合は行政機関が勧告し、従わなければ法人名を公表できるように内容が改められた。

答え：1　不安をあおり、不安につけ込むことは罰則付きの禁止行為とした。

最頻出
17

法律
改正民事訴訟法

ここが出る！
3つの柱からなる手続きのIT化

東京都：★★★
特別区：★★★

民事裁判での手続きのIT化

2023年2月と3月に、民事裁判での手続きのIT化などを盛り込んだ改正民事訴訟法の一部が施行しました（2022年5月成立）。法改正により、訴状の提出から口頭弁論、裁判記録の閲覧までITで運用できるようになります。

また、裁判終結までの期間についても短縮され、民事裁判の使いやすさを高めます。

◎海外に比べて遅れていた民事訴訟のIT化

日本の民事訴訟は書面や対面での手続きが原則になっており、海外に比べてIT化が遅れていたという状況がありました。今回の改正でデジタル技術を取り入れることにより、民事裁判を国民が利用しやすくするのがねらい。段階的に制度を導入し、2025年度中の全面施行となる予定です。

3つの手続きのIT化

手続きのIT化は次の3つの柱からなります。まずは訴状のオンラインでの提出が可能になる点です。従来は裁判所に持参するか郵送する方法でしたが、インターネットを通じても出せるようにします。収入印紙で納めていた起訴のための手数料も、ATMやインターネットバンキングで支払えるようにします。

◎離婚調停の手続きもIT化

口頭弁論や判決の言い渡しの際には、ウェブ会議システムにより参加できるようになります。従来は原告や被告、弁護士ら当事者は裁判所に行かなければなりませんでしたが、地方への仕事も多い弁護士にとって負担になっており、それを解消するのが目的です。離婚調停の手続きもIT化されるため、ウェブ会議を活用して当事者同士が直接会うことなく、離婚を成立させることもできるようになります。

そして、判決文や訴状の電子化があります。従来は紙での保管なため、判決文や訴状を閲覧するには裁判所に行かなければなりませんでした。しかし、記録をデータベースで管理することで、裁判の当事者はネットを通じて閲覧することができるようになります。

審理期間の長さを短縮

また、法改正で裁判の期限を設定することができるようになります。これまで法律上で民事訴訟の期間を定めた規定はなく、長引く裁判では審理が 1 年以上に及ぶことも少なくありませんでした。このような審理期間の長さが、原告が訴えを起こすことの妨げになっているとの指摘がありました。

今回の改正で、原告と被告の双方が認めた場合については、手続き開始から 6 カ月以内に審理を終え、1 カ月以内に判決を言い渡すようにすることができるようになります。

◎ 改正後の新しい民事裁判手続き

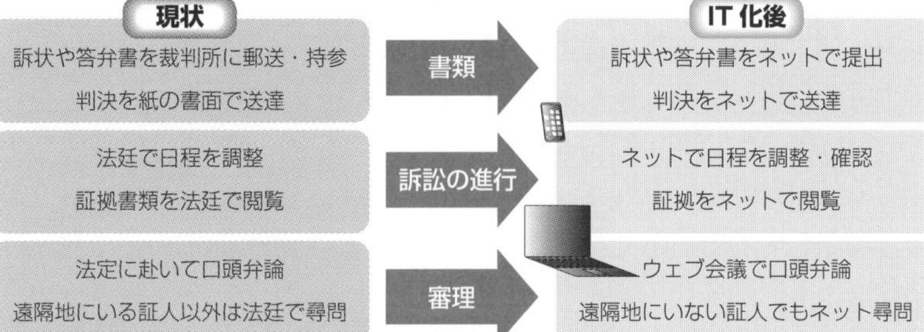

性犯罪などの被害者が、加害者に氏名や住所を知られることをおそれて損害賠償などを求めにくいという指摘より、個人を特定する情報を明らかにせずに手続きが進められる制度も創設された。

ミニ試験問題にチャレンジ **間違っているのはどっち？**

1 民事訴訟法の改正により、訴状の提出から口頭弁論、裁判記録の閲覧まで IT で運用できるようになる。

2 法改正で、手続き開始から 1 年以内に審理を終え、1 カ月以内に判決を言い渡すことができるようになる。

答え：2　手続き開始から 6 カ月以内に審理を終えることが定められている。

最頻出 18

法律　大麻取締法及び麻薬及び向精神薬取締法の一部を改正する法律

大麻取締法改正

ここが出る！
7 年の懲役刑が課せられる使用罪

出題予想
東京都： ★★★
特別区： ★★★

医療用途での大麻の使用が解禁

2023 年 12 月、医療用大麻の解禁などを盛り込んだ改正大麻取締法が成立しました。改正法では大麻草を原料にした医薬品の使用を認めるほか、大麻草の栽培を医薬品などの原料を採取する目的でも認めることを規定しています。それにともない栽培免許制度の見直しも行われ、神事のしめ縄等に利用される大麻の栽培には第一種大麻草採取栽培者免許（都道府県知事による）が、医薬品の原料としての大麻の栽培には第二種大麻草採取栽培者免許（厚生労働大臣による）の取得が求められることになります。

医療用の使用を認めた理由として、大麻草を原料にした医薬品は欧米各国で難治性のてんかんの治療目的などで使用されており、日本でも患者などから解禁を求める声が出ていたことが挙げられます。

大麻の使用罪を新設

従来の大麻取締法では大麻の所持や栽培の禁止にとどまっていて、使用を罰する規定はありませんでした。これは、大麻草の栽培農家が刈り取り作業を行う際、大気中に大麻の成分が飛散し、それを吸い込んでしまうケースを想定したためであるといわれています。

しかし近年、若者などの大麻の乱用が増加していることより、大麻を麻薬及び向精神薬取締法で取り締まる麻薬に位置づけ、従来は法律で禁止されていた所持や譲渡に加えて、「使用」の禁止も新設し、改正法に盛り込まれました。使用罪は 7 年以下という懲役刑も規定しています。

2023 年 12 月、厚生労働省はいわゆる「大麻グミ」に含まれている大麻成分に類似した成分「HHCH」など 6 つの物質を「指定薬物」に指定。この物質と、この物質を含む製品について、医療等の用途以外の目的で製造、輸入、販売、所持、使用等が禁止された。

最頻出 19

共生社会の実現を推進するための認知症基本法

法律 認知症基本法

ここが出る！
「認知症施策推進本部」の設置

東京都：★★★
特別区：★★★

認知症に対しての国の理念を含む基本法

2023年6月、国や自治体の取り組みを定めた認知症基本法が成立しました。認知症の人が尊厳を保持し、希望を持って暮らすことができるよう、施策を総合的に推進することを目的とする、認知症に対しての国の理念を含む基本法となります。法律には基本施策として、認知症の人が社会参加する機会の確保や、相談体制の整備、国民の理解促進などを盛り込んでいます。また、国民には認知症の人に関する正しい理解を深め、共生社会の実現に寄与するよう努めることが責務であると、法律で定めています。

◎増加する認知症患者

国内の認知症の人は年々増加傾向にあり、2020年時点で600万人以上と推計されており、2025年には厚生労働省の推計で約700万人になるとしています。今回の法律は、当事者やその家族が、認知症になっても元気に暮らせる社会を構築するのがねらいです。

自治体の8つの基本施策

法律は、首相を本部長とする「認知症施策推進本部」の設置も規定。認知症施策推進本部に対しては、認知症の人や家族らの意見を踏まえて、政策の基本計画を作ることを定めています。

都道府県や市町村については、認知症の人や家族などから意見を聞いたうえで計画を策定することを努力義務としています。そのうえで、国民の理解の促進、社会に参加する機会の確保、医療や福祉サービスの提供体制の整備、認知症の人や家族などの相談態勢の整備など8つの項目を基本施策に掲げています。

エーザイと米バイオジェンが開発したアルツハイマー病治療薬「レカネマブ」が、2023年9月に日本で承認。進行を遅らせる効果を持つ国内初の薬となる。アルツハイマー病は2060年には800万人にのぼるとみられており、現状で認知症全体の7割程度を占めている。

最頻出

20

白書
経済財政白書

ここが出る！
デフレ脱却のチャンス

出題予想
東京都：★★★
特別区：★☆☆

デフレ脱却の方向を示す表現を盛り込む

令和５年版経済財政白書では、物価と賃金の上昇が始まり、「デフレとの戦いから日本経済が転換点を迎えつつある」と指摘。デフレ脱却に前向きな表現を盛り込んだのは７年ぶりになります。

要因として、個人消費が主導し、これまでとは景気持ち直しのメカニズムが大きく異なっていると白書では分析。実際に、消費者物価指数は日銀の 2% の物価安定目標を 16 カ月連続で上回り、生鮮食品を除く総合指数が 2023 年７月に前年同月比で 3.1% の上昇をみせたとしています。

◎企業が価格を引き上げる力の弱さを指摘

長い期間、日本経済の課題となっていた「デフレ脱却」に向けたチャンスが訪れているとしつつも、欧米に比べて企業が価格を引き上げる力が弱いと分析。物価上昇と賃上げの好循環を実現するため、価格転嫁を進めたり付加価値を高めたりすることが重要であるとしています。

物価上昇を受けて賃金も上昇へ

白書は、足下では生鮮食品を除く食料が全体の伸びの６割を占め、エネルギーは前年同月比でマイナス圏にあることに言及。物価上昇の見られた 2008 年の原油高の際には、食料とエネルギーが全体の９割を占めていたとしつつ、今回は食料やエネルギー以外の幅広い品目でも物価上昇が見られるとしています。

物価の上昇を受けて、春季労使交渉における賃上げ率は約 30 年ぶりの高水準を実現し、６月の現金給与総額は前年同月比で 2.3% 上昇と名目賃金にも反映されていることを指摘。物価高対応に加えて、労働需給の逼迫も賃金の押し上げに影響していることにも触れています。

◎デフレから脱却していない現状

白書は、「まだデフレから脱却していない」とも明記。低所得世帯を中心に物価上昇にともなって消費を抑制する動きがみられるほか、サービス関連の価格の上昇ペースは依然として緩やかだとしています。これらを改善するため、学び直しを通じて生産性を向上させ、賃上げを継続する必要があると訴えています。

物価は変わらないという認識の変化が重要

デフレ脱却の指標として活用されているのが、国内の総合的な物価動向を示す GDP デフレーターであり、この指標が 2023 年 4 ～ 6 月期に前年同期比で 3.4% 上昇したものの、「物価の基調が強くなったとはいえない」と白書は強調。輸入物価の国内価格への転嫁には時間差があり、持続性を確認する必要があるとしています。そして物価は変わらないという認識が変われば、企業はコストを柔軟に価格に反映し、設備投資や賃上げがしやすくなるとしています。

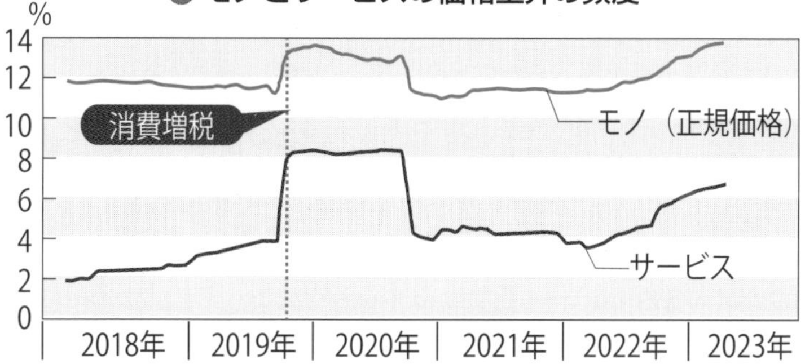

白書では、国内上位の 1 割の企業でもコストに対する販売価格の比率にあたる「マークアップ率」の上昇はみられず、日本に「スーパースター企業」と呼ばれるようなグローバル市場で価格支配力の強い企業が少ないことを指摘している。

ミニ試験問題にチャレンジ

間違っているのはどっち？

1 白書では、物価上昇と賃上げの好循環を実現するため、企業が価格転嫁を進めたり付加価値を高めたりすることが重要であるとしている。

2 白書は、GDP デフレーターが 2023 年 4 ～ 6 月期に前年同期比で 3.4% 上昇したため、「物価の基調が強くなった」と指摘している。

答え：2 「物価の基調が強くなったとはいえない」と指摘している。

最頻出 21

白書
通商白書

ここが出る！
「経済的威圧」への対策

東京都：★★★
特別区：☆☆☆

分断する危機に直面する世界経済

通商政策の方向性を示す通商白書 2023 は、ロシアのウクライナ侵攻や米中の対立が続く中、「世界経済は分断の危機に直面している」とし、深刻な分断は民主主義勢力、権威主義国の両陣営に大きな打撃を及ぼすと強調。分断の進行が世界経済の大きな下押しリスクになるとしています。

分断の例として、輸出規制などで相手国に圧力をかける、いわゆる「経済的威圧」が多発しているとし、資源や食料などのサプライチェーン（供給網）が寸断される状況が発生､これらが世界的なインフレの要因になっているとしています。

◎自由で公正な貿易秩序と経済安全保障の両立

輸出規制などで相手国に圧力をかける「経済的威圧」に対応するため、世界経済の機能回復に向けて、自由で公正な貿易秩序と経済安全保障の両立を実現する必要があるとしています

グローバルサウスとの連携

白書は、「グローバル・サウス」と呼ばれる新興国や途上国との連携を強化する方針を、はじめて白書に盛り込んでいます。グローバル・サウスの信頼できる国との連携強化で、原材料のサプライチェーンの構築や WTO（世界貿易機関）の改革などに取り組むとしています。

対立する両陣営が大きな打撃を受ける中、中立を保って双方と貿易を続ける新興国や途上国からなるグローバルサウスは「漁夫の利」を得て高い成長を維持することについても指摘。自国の利益確保を優先するグローバルサウスを自陣に引き入れるのは難しく、相手陣営を完全に世界から孤立させることは困難であるとの見方を示しています。

貿易収支の赤字幅が過去最大に

財務省が発表した 2022 年度の貿易統計速報で、輸出から輸入を差し引いた

貿易収支が約 21 兆円の赤字となり、過去最大となったことが判明。2022 年はロシアのウクライナ侵攻で、火力発電に使う石炭や天然ガスの資源価格が世界的に高騰したためであると分析しています。

◎化石燃料の輸入依存度を下げる必要性

2022 年の貿易赤字の増加分のうち、化石燃料など輸入品の価格高騰が 7 割を占めるとも指摘。過去最大となった貿易赤字について、日本の貿易収支構造の脆弱性が露呈したとし、今後は化石燃料の輸入依存度を下げる必要があると強調しています。

◎ 貿易収支の赤字幅の拡大

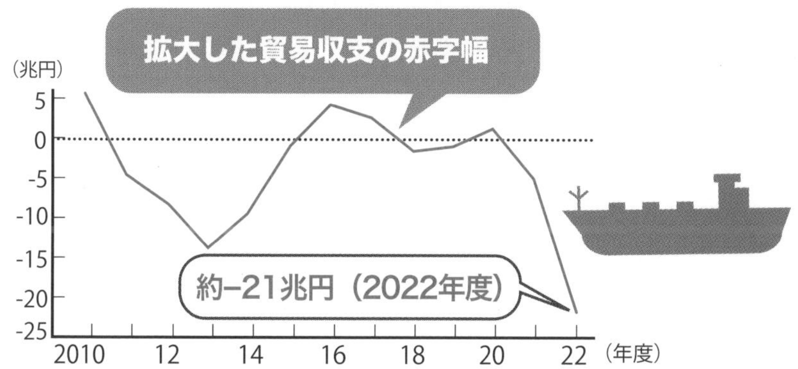

円の対ドル相場が 2022 年度は 135 円 05 銭と大幅な円安に振れた点について白書は、円安による輸入価格の上昇分が輸出額の拡大で相殺されたことで、為替変動が貿易赤字の増加に占める割合は 14% 程度にとどまったとしている。

間違っているのはどっち？

1 白書では、グローバル・サウスとの連携強化で、原材料のサプライチェーンの構築や WHO（世界保健機関）の改革などに取り組むとしている。

2 白書は、日本の貿易収支構造の脆弱性が露呈したとし、今後は化石燃料の輸入依存度を下げる必要があることを強調している。

答え：1　WHO（世界保健機関）ではなく WTO（世界貿易機関）が正しい。

最頻出 22

白書 環境白書 （環境・循環型社会・生物多様性白書）

ここが出る！
サーキュラーエコノミーで温暖化ガスを削減

出題予想
東京都：★★★
特別区：☆☆☆

地球環境の悪化を強調

令和５年の環境白書は、地球環境の悪化が危機的な状況にあり、環境問題の枠にとどまらず経済や生活に大きな影響を与えていると指摘しています。問題の解決に向けて、「脱炭素の取り組み」、「資源のリユースやリサイクルによる循環経済」、「生物多様性の損失を食い止めて自然を回復に向かわせるための経済・社会活動」の３つの取り組みを同時に進めていく必要性を強調しています。

◎脱炭素に向けた新しい生活スタイルの推進

白書には、2030 年までに脱炭素に向けた新しい生活スタイルを社会全体で推進して、温室効果ガスを 2013 年度比で 46%削減することや、進んだ取り組みを支援する「脱炭素先行地域」を少なくとも 100 カ所選定すること、金属のリサイクル量を現在の倍にするなどして循環経済の市場規模を 80 兆円以上に拡大すること、について触れています。さらに、生物の多様性を守るため民有地を含めて陸と海にそれぞれ 30%以上の保全地域を確保するという目標も盛り込んでいます。

気候変動や生物多様性の損失は経済や社会へ影響

白書では、地球温暖化の進行により、豪雨や猛暑のリスクがさらに高まると警鐘を鳴らしています。結果として地球の生命維持システムが存続の危機に瀕しているとし、気候変動や生物多様性の損失は経済や社会にも大きな影響を及ぼすとしています。

すでに気候変動を原因として、世界各地で異常気象を起こしているという現状を取り上げ、パキスタンでは大雨による洪水被害が発生し、フランス南西部やポルトガルでは大規模な山火事が起きたことを紹介しています。

◎国内で広がる影響

国内でも、東・西日本で 2022 年６月下旬に、北日本で７月上旬にそれぞれ 1946 年の統計開始以降１位となる記録的な高温を記録しました。６月には、熱中症で救急搬送された人が過去最多になるなど、社会への影響は日ごとに大きくなってきているとしています。

課題はサーキュラーエコノミー（循環型経済）

　このような影響を及ぼす地球温暖化の進行を食い止めるため、白書はサーキュラーエコノミー（循環型経済）を今後の課題として挙げています。資源の循環が進むことによって、国内の温暖化ガスの排出量を36％減らせるとの試算を示しています。

　そして、気候変動の問題解決に向けた行動は不十分であると分析し、国際枠組みであるパリ協定で掲げる「産業革命からの気温上昇を1.5度以内にする」目標の実現には、さらなる対策が必要であるとしています。

サーキュラーエコノミーの考え方

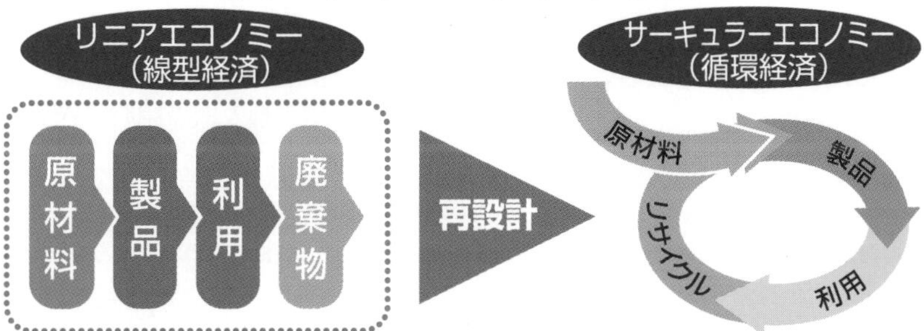

生物多様性の損失を止めるだけでなく、回復に転じさせる「ネイチャーポジティブ（自然再興）」という言葉を使った項目を白書に初めて掲載。森林保全が温暖化対策につながるなど、他分野との連携も強調している。

ミニ試験問題にチャレンジ

間違っているのはどっち？

1　白書では、気候変動や生物多様性の損失は、経済や社会にも大きな影響を及ぼすと指摘している。

2　白書は、サーキュラーエコノミー（循環型経済）が進むことで、国内の温暖化ガスの排出量を16％減らせるとの試算を示している。

答え：2　国内の温暖化ガスの排出量を36％減らせるとの試算を出した。

白書

男女共同参画白書

ここが出る！
令和モデルへの転換

東京都：★★★
特別区：☆☆☆

「令和モデル」への転換を提言

令和５年版男女共同参画白書では、「男性は仕事、女性は家庭」といった雇用慣行や生活のあり方の「昭和モデル」から、誰もが家庭や仕事で活躍する「令和モデル」への転換を提言しています。

具体的には、勤務時間にかかわらず仕事の成果で評価され、昇進をめざせる環境を整備する、男性の長時間労働の是正や女性の家事・育児の負担を減らす、男女間賃金格差を改善する、という３つの点について優先して取り組むべきであるとしています。

永久就職先ではなくなった結婚

今の時代は「サラリーマンの夫と専業主婦」という職業観や家庭観ではなく、新しい生活様式や働き方へと意識が変化したと白書は指摘。未婚や離婚したまま独身でいる人の割合が増加しているとし、「女性にとってもはや結婚は永久就職先ではなくなった」との認識を示しています。

女性の人生の選択肢は増えましたが、貧困に陥るなどリスクが多様になっている点についても明らかにしています。一人暮らしの独身女性の５割ほどが年収300万円未満だという調査結果を提示し、男女の賃金格差の解消や女性の早期からのキャリア教育の必要性を訴えています。

◎正社員の夫と専業主婦の妻というモデルを前提としない制度

内閣府の調べで、2020年に全世帯に占める一人暮らしの世帯と一人親世帯の割合は47%と、半数近くになったことが明らかになっています。1985年は27.1%にすぎず、1985年に全体の40%を占めていた「夫婦と子ども」は2020年には25%に減少していることも示しています。そのうえで、社会変化に合わせて正社員の夫と専業主婦の妻というモデルを前提としない制度への移行が欠かせないとしています。

一つの例として、社会保障制度を世帯単位から個人単位へ移行することや、妻が仕事を抑制したほうが税負担が減る、配偶者控除の見直しなどにも白書は言及しています。

求められる時代に合わない慣行からの転換

若い女性のキャリアアップへの意識向上についても白書で強調。内閣府の調査によると、20 代女性でいずれは管理職につきたいと答えた女性は 28.9% だったことがわかっています。20 代のときに同様に考えていた 40 代は、17.6%、50 代は 13.5%、60 代は 10.9% と、年齢を重ねるごとに低下する傾向がみられ、キャリアアップの意識が若い女性ほど強いことが示されています。

女性の社会進出を阻んでいるのは男性の長時間労働などの旧来の慣行だとし、「若い世代の意識の変化を認識し、時代に合わない慣行を変えなければならない」としています。

◎ 男女共同参画社会のポイント

❶ さまざまな政策や制度が高度成長期のままとなっている。
❷ 結婚や家族の姿が多様化し「もはや昭和ではない」。
❸ 配偶者控除などの制度を見直しへ。
❹ 30 代独身男女の４人に１人が結婚願望なし。
❺ 20 代の男性７割、女性５割が配偶者や恋人はいないと回答。
❻ 一人暮らしの女性の半数以上が年収 300 万円未満。

白書では、30 歳時点の未婚女性の割合は 1980 年の 11.3% から 2020 年に 40.5% へ上昇したとし、婚姻歴のない 30 代男女の 4 人に 1 人が結婚願望がないと答えたことを明らかにしている。

間違っているのは

？

1 白書では、女性の人生の選択肢は増えたが、貧困に陥るなどリスクも多様になっている点を指摘している。

2 20 代女性でいずれは管理職につきたいと答えた女性は 28.9% と、キャリアアップの意識が若い女性ほど弱いことが明らかになっている。

答え：2　キャリアアップの意識が若い女性ほど強いことが示された。

最頻出 24

白書 観光白書

ここが出る！
「稼ぐ力」を示す付加価値額を向上

出題予想
東京都：★★★
特別区：☆☆☆

コロナ禍からの観光需要の回復

令和５年版観光白書は、2022年の訪日外国人の旅行消費額が8987億円だったとし、同年10月に新型コロナ関連の水際措置が緩和されて以降、10～12月期ではコロナ禍前の2019年同期の５割に、23年１～３月期は同９割に回復したとしています。

◎観光産業のカギは稼ぐ力

コロナ禍を経て観光需要は回復に向かっているものの、コロナ禍で顕在化した観光産業の構造的課題として、賃金・人員不足、雇用の波動を挙げ、「持続可能な地域づくり」実現のためのカギとなるのが「稼ぐ力」であることを強調しています。世代を超えた住民とさまざまな異業種が参画することの重要性を訴え、そのうえで、付加価値の高い体験型観光商品の提供などを通じて稼ぐ力の好循環を生み出すことが重要であるとしています。

低い日本の観光国内総生産

宿泊業や訪日外国人客向けの小売業など、観光関連の産業が生む付加価値をまとめた「観光国内総生産（GDP）」も分析。この指標は雇用者所得、企業の利潤や投資など経済循環の源泉を示すもので、日本は11.2兆円（2019年）で新型コロナ感染拡大前まで着実に増加してきたものの、経済全体に占める比率は2%にすぎなかったことを明らかにしています。

これは、先進７カ国（G7）平均の4%と比べると大きな差があるとし、日本の観光従事者の報酬の低さなどが要因になっていると指摘しています。

◎国際的な基準から比べて低い１人あたりの付加価値額

日本の従事者１人あたりの付加価値額では、全産業が806万円であるにもかかわらず、観光産業他が491万円、宿泊業が534万円と相対的に低いことも明示。これは国際的な基準で見ても低く、宿泊業ではアメリカ（976万円）が突出しており、スペイン（709万円）、イタリア（690万円）と日本の水準を大きく上回っているのが現状であるとしています。

求められる稼げる産業への変革

白書では観光が稼げる産業へ変革していくためにも、観光サービスの生産において「稼ぐ力」を示す付加価値額を向上させ、雇用者報酬への分配増加や観光DXをはじめ企業の再投資などの支出につなげることが重要であると強調。日本が目指す姿に「観光地を核とした地域活性化の好循環」を挙げています。

さらに、観光地の「稼ぐ力」を地域経済分析システム（RESAS）などのデータで「見える化」し、関係者で分析・共有するプロセスが重要だとしています。

◎観光地を核とする地域活性化の好循環

人口流出に歯止め
観光客受け入れへの理解
地域
税収増
地域への愛着・誇りの醸成
観光地の再生・高付加価値化
住民
産業
雇用の安定
所得増
担い手の確保

「**観光DX**」…業務のデジタル化で効率化を図るだけではなく、デジタル化によって収集されるデータの分析・利活用により、ビジネス戦略の再検討をしたり、ビジネスモデルを創出すること。

ミニ試験問題にチャレンジ **間違っているのはどっち？**

1 観光産業の構造的課題の克服のため、「稼ぐ力」がカギであることを白書は強調している。

2 観光地の「稼ぐ力」を地域経済分析システム（RESAS）などのデータで「属人化」し、関係者で分析・共有するプロセスが重要だとしている。

答え：2　データで「見える化」することが重要だと指摘。

最頻出 25

白書
防衛白書

ここが出る！
反撃能力の必要性を強調

出題予想
東京都： ★★★
特別区： ☆☆☆

「反撃能力」の必要性を白書で強調

令和５年版防衛白書は、日本が戦後最も厳しい安全保障環境に置かれる中、防衛力の抜本的強化を行っていくと明記。強化の柱として、初めて保有することを決めた、相手のミサイル発射基地などを攻撃できる「反撃能力」の必要性を強調しています。ただし、専守防衛の考え方を変更するものではなく、攻撃は厳格に軍事目標に限定するとしています。

◎中国に対する懸念

安全保障上の深刻な懸念事項として中国の動向をあげ、無人機の活動が活発化していることや、ロシア軍との共同での活動がたび重なっていることなどが、日本と国際社会に対して安全保障上の影響を及ぼしていると指摘しています。

また、中国の軍隊の現状として、アメリカとの軍事力の格差を埋め合わせるため、軍隊にAI（人工知能）などの技術を用いる「智能化」を推し進めており、陸・海・空で無人機の装備品の自律性を高めているとしています。この「智能化」により、アメリカに「戦える」「勝てる」軍隊を目指して近代化の動きを加速することが見込まれるとしています。

台湾周辺での中国による安全保障上の懸念

今後の安全保障上の懸念が高まる台湾については、2023年８月に中国が９発の弾道ミサイルを発射し、５発が日本のEEZ（排他的経済水域内）に着弾したこと、また台湾周辺でおよそ１週間にわたって大規模な軍事演習を行ったことに触れています。

そして中国軍による威圧的な軍事活動の活発化により、台湾海峡の平和と安定について急速に懸念が高まっているとしています。

◎台湾も防衛能力を強化

中国と台湾の軍事バランスについても白書で言及しており、全体として中国側に有利な方向で変化しているものの、台湾もウクライナ侵攻を受けてアメリカの武器を購入するなど自身の防衛能力を強化しているとしています。

エスカレートする北朝鮮の軍事的な挑発行為

弾道ミサイルの発射を繰り返している北朝鮮については、「5か年計画」に沿って、関連技術の開発を「自衛的」な活動として常態化させていると指摘。背景には、核・長距離ミサイルの保有による対米抑止力の獲得、米韓両軍との武力紛争に対処可能な戦術核兵器、各種ミサイルの整備、があるとしています。そして今後、北朝鮮による軍事的な挑発行為がエスカレートしていく可能性があり、日本にとって一層重大かつ差し迫った脅威だとしています。

◎ 日本周辺の安全保障環境

北方領土問題

中国による活発な日本海への進出

竹島の領土問題

朝鮮半島をめぐる問題

中国による活発な太平洋への進出

中国による東シナ海における現状変更の試み活動の急速な拡大・活発化

白書には自衛隊の体制強化も記載。自衛隊の統合運用の実効性強化に向けて、平素から有事まであらゆる段階において領域横断作戦を実現できる体制を構築する必要があるとして、速やかに常設の統合司令部を創設するとしている（陸海空自衛隊を束ねる常設機関の名称を「統合作戦司令部」とする方針を12月に発表）。

ミニ試験問題にチャレンジ **間違っているのはどっち？**

1 中国は軍隊に最新技術を用いる「機能化」を推し進めており、陸・海・空で無人機の装備品の自律性を高めていると白書は指摘している。

2 北朝鮮については、「5か年計画」に沿って、関連技術の開発を「自衛的」な活動として常態化させていると指摘している。

答え：1　AI（人工知能）などの技術を用いる「智能化」を推進している。

最頻出 26

白書 厚生労働白書

ここが出る！
家族や地域の支え合い機能が低下

出題予想
東京都：★★★
特別区：☆☆☆

テーマは「つながり・支え合い」

令和５年版厚生労働白書は、テーマとして「つながり･支え合い」を掲げ、医療･介護・保育などの人材確保の現状や施策を紹介しています。

白書では、孤立した高齢者世帯やひきこもりといった支援が届きづらい人たちへの対応が課題であるとし、「地域共生社会」を実現する必要性について指摘しています。

◎単身世帯や一人親世帯が占める割合が激増

現在までの30年間で、全世帯の中での単身世帯や一人親世帯が占める割合が1.6倍の47.1%に増加し、家族や地域の支え合い機能が低下していることを白書では指摘。新型コロナの感染拡大で人間関係が希薄になったことも背景に、高齢者世帯や「ヤングケアラー」（家事や家族の世話などを行う子ども・若者）、ひきこもりや一人親家庭への支援の課題が表面化したとしています。

現役世代での強い孤立感

白書による調査では、孤独感が「常にある」「時々ある」との評価になった人は、男女ともに20～50代で５割を超えたことが明らかになっています。一方、60代以上では30～40%台であったとしています。

孤独感が「常にある」と評価されたのが多かった世代は、10.4%の30代の男性、および11.2%の20代の女性です。また、60代以降に比べると20～50代が高く、会社など社会と接点が多いはずの現役世代で孤立感が強くなっているという傾向も見られました。

また、引きこもり状態にある人では、約半数が３年以上、20%以上が７年以上と、長期化が深刻になっていることも明らかになっています。

8050問題への対応

深刻化する「8050問題」についても白書は指摘。この問題は、高齢の親と働いていない50代の子が同居し、生活困窮に陥るという問題で、2010年代以降に発生している高年齢者の引きこもりに関する社会問題です。

8050問題のような複数の課題を抱える家族の場合、「生活保護と介護サービス」のように社会保障のいくつかの施策を横断的に講じなければ解決できないと白書で強調。「制度の狭間にある課題」と指摘しています。

◎求められる制度をまたいだ包括的な支援体制

ヤングケアラーやひとり親なども重点支援の対象に挙げ、制度をまたいで包括的に支援できる体制の構築の重要性を白書は訴えています。さらに、本人からの申請を待たない能動的な支援、デジタル空間を活用した居場所づくりなどの推進が求められているとしています。

コロナ禍のコミュニケーション

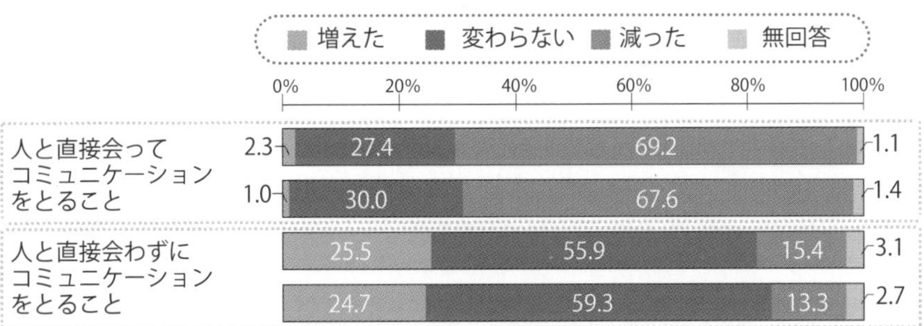

医療福祉人材は2040年に1070万人が必要になると白書で指摘。しかし、労働参加が順調に進んだとしても医療福祉人材は974万人であり、差し引き96万人が足りず、ケア体制が崩れかねないと警鐘を鳴らしている。

ミニ試験問題に **チャレンジ**

間違っているのはどっち？

1 白書では、全世帯の中での単身世帯やひとり親世帯が占める割合が増加し、家族や地域の支え合い機能が低下していると指摘している。

2 白書の調査では、孤独感が「常にある」「時々ある」との評価になった人は男女ともに20～50代よりも60代以上で多いことがわかった。

答え：2　60代以上よりも20～50代で多かった。

最頻出 27

白書
防災白書

ここが出る！
災害時に SNS は有力なツール

東京都：★★★
特別区：☆☆☆

発生から 100 年の関東大震災を特集

令和 5 年版防災白書では、2023 年 9 月で発生から 100 年となる関東大震災を大きく取り上げています。当時の被害を検証するとともに、NPO やボランティアも参加した支援体制の構築や、デジタル技術を活用した情報発信の強化、SNS などによるデマへの対応が必要だと指摘しています。

◎経済的被害も甚大だった関東大震災

白書では関東大震災は人的被害に加えて経済的な被害も大きく、当時の GDP のおよそ 37%に達していたとしています。2011 年の東日本大震災のおよそ 3%と比べると、当時の社会に与えた影響がいかに大きかったかがよくわかるとしています。

災害時に重要なボランティアの役割

関東大震災では、行政機関の庁舎が焼失したことで初動の対応に遅れが生じるなか、住民どうしの助け合いで救われた命が多かったことについても白書で紹介しています。そして今後、想定される首都直下地震でも、ボランティア活動の果たす役割は大きいとしています。

◎東京圏への人口一極集中

関東大震災の発生した 100 年前と比較し、現在は東京圏の人口一極集中が進んでいるとし、首都直下地震に備えた救助・物資輸送などの応急対策の体制整備が重要だと指摘。外国人の増加もあり、多言語による情報発信などで必要な情報を簡単に入手できる取り組みを促進することも求めています。

低下する「自助」の取り組みと意識

白書では、被災時に自ら守る「自助」の取り組みの広がりに課題があるとして、防災意識の向上を強調し、「大地震に備えてどのような対策を取っているか」という質問などをした調査結果を紹介しています。調査結果の回答で「食料や水の備蓄」は 40.8% と 2017 年（45.7%）より 4.9 ポイント減少したことが、「家具の固定」は 35.9% と 2017 年（40.6%）に比べて 4.7 ポイント減少したことがわかっています。

◎ 災害時における SNS の功罪

また、災害時において SNS は被害の状況を迅速かつ正確に把握する意味で有力なツールになることを指摘。しかし SNS は、意図的、もしくは真偽不明のままに誤情報が発信される可能性があるという課題もあり、災害時はデマや誤情報による社会的混乱を防止するとともに、一人ひとりが注意しながら活用していくことが必要であるとしています。

◎ BCP 策定企業の推移

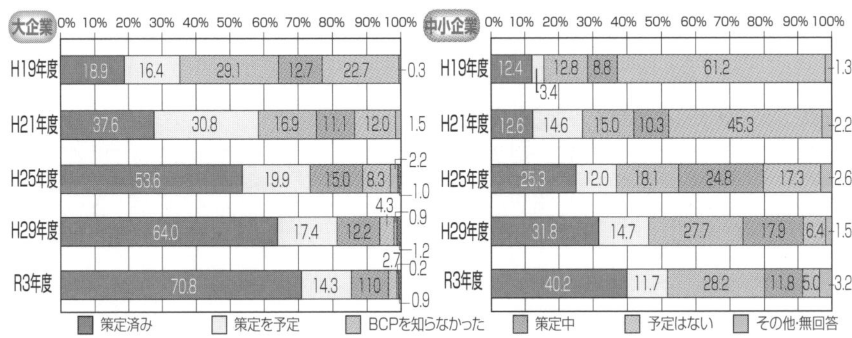

「**自助**」…災害に備える取り組み、自助・共助・公助と呼ばれる 3 つの取り組みの一つであり、災害時に「自らの力」を使って自分自身の安全を守る取り組みのことを指す。

ミニ試験問題にチャレンジ

間違っているのはどっち？

1 白書では、関東大震災は人的被害に加え経済的な被害も大きく、当時の GDP のおよそ 3%に達していたとしている。

2 白書では、災害時において SNS は被害の状況を迅速かつ正確に把握する意味で有力なツールになることを指摘している。

答え：1　GDP のおよそ 37%に達していた。

白書

過労死等防止対策白書

ここが出る！
理想の睡眠時間が短いとうつ傾向を助長

東京都：★★★
特別区：☆☆☆

睡眠時間とうつの関係性を指摘

令和５年版の「過労死等防止対策白書」では、就業者の睡眠時間とうつ病などの関係について調査。理想の睡眠時間が不足している人は、うつ病や不安障害の疑いが多いという調査結果を公表し、労働時間の増加が睡眠不足と疲労の長期化につながり、うつ傾向を助長すると指摘しています。

◎理想の睡眠時間と実際の時間との差

就業者１万人を対象として、理想の睡眠時間と実際の時間との差について調査を実施。うつ病などの疑いがある人の割合は、理想の睡眠時間を確保できている人で 16.9%、理想から２時間不足すると 27.7%、3 時間不足すると 37.1% と、乖離が大きくなるにつれて、うつ病などの疑いがある人の割合が増加することがわかっています。

一方、理想以上の睡眠時間がとれている人の 68.4%が、「うつ傾向･不安なし」という結果になっています。

労働時間が多いほど理想の睡眠時間は減少

週の労働時間が 40 時間以上の雇用者のうち、60 時間以上だった人は 2022 年に 8.9% と、前年から 0.1 ポイント増え、９年ぶりに増加に転じたことも明らかにしています。そして、週 60 時間以上働いている人の４割以上が、理想の睡眠時間から２時間以上不足していたことも判明しています。

なお、理想の睡眠時間に関しては「7 ～ 8 時間未満」をあげる人が 45.4% と最も多かったですが、実際の時間は「5 ～ 6 時間未満」が 35.5% と最多だったとしています。

◎労働時間が長いほど強くなるうつ病の傾向

労働時間が長いほど疲れが抜けにくく、うつ病の傾向が強くなることも白書は指摘。前日の疲れを次の日に持ち越すことが「よくある」と回答した人のうち、４割にうつ病や不安障害の疑いがあったことも指摘しています。

芸術や芸能の業界が重点分野に

今回の白書は、芸術や芸能の業界を重点分野とし、セクハラや長時間労働の問題を取り上げています。芸術や芸能の業界は、当事者らは労働者だという意識が低いとし、仕事への熱意を利用して、雇用主らが過酷な働き方を強いる「やりがい搾取」の撲滅を訴えています。

芸術や芸能の従事者 640 人を調査した結果、1 週間の拘束・労働時間が 60 時間以上と回答したのは 16.7% で、就業者全体の 7.5% を上回りました。1 カ月の収入が 10 万円未満との回答は 23.6% で、「俳優・スタントマン」は 33.9% に上ったことがわかっています。また、ハラスメントについての質問では、6.6% が「仕事の関係者に必要以上に体を触られた」と回答。声優や俳優は 10% を超えましたが、幸福感は他業種よりも高い傾向が見られたとしています。

◎理想の睡眠時間とうつ病などの関係

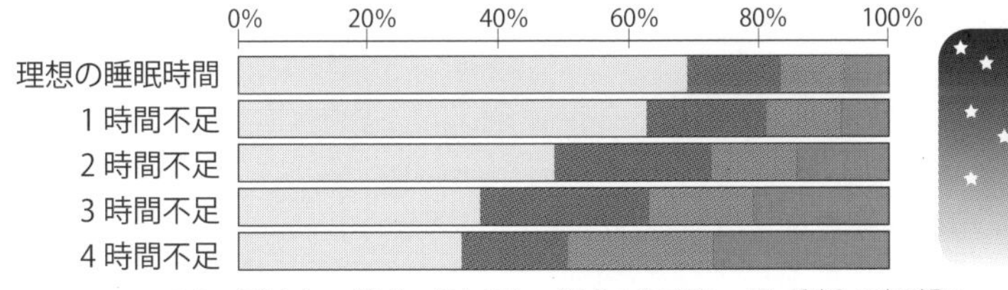

白書の労働時間の分析では、週の労働時間が 60 時間以上の雇用者が全雇用者に占める割合は、2022 年は 5.1%で、2012 年の 9.1%に比べて 4.0 ポイント低下したとしている。また、2021 年の年次有給休暇の取得率は 58.3%と、7 年連続で上昇したことも明らかにしている。

ミニ試験問題にチャレンジ **間違っているのはどっち？**

1 白書では、理想の睡眠時間と実際の時間との乖離が大きくなるにつれて、うつ病などの疑いがある人の割合が増加するとしている。

2 週 60 時間以上働いている人の 1 割以上が、理想の睡眠時間から 2 時間以上不足していたことも判明している。

答え：2　1 割ではなく 4 割が正しい。

最頻出
29

白書
消費者白書

ここが出る！
18、19歳の相談も増加

出題予想
東京都：★★★
特別区：☆☆☆

SNSに絡む相談件数は過去最多

令和5年版消費者白書では、2022年の1年間に全国の消費生活センターなどに寄せられた相談件数が2021年より1万件ほど増えて、約87万件となったとしています。中でも増加したのが「SNS」に関する相談件数であり、2022年の1年間に全国の消費生活センターなどに寄せられた「SNS」に関する相談件数は過去10年で最多になり、40代以上の中高年の増加が著しいこともわかりました。

特に50代は前の年より2574件増加して1万2521件となり、初めて20代を上回り、年代別で最多になりました。

◎通信販売の定期購入のトラブルも過去最多

消費生活センターなどに寄せられた相談内容としては、「有名デパートの閉店セールの広告をSNSで見て注文したが偽サイトだった」「SNSで知り合った海外在住の人に勧められて暗号資産を送金したがアカウントが閉鎖されてしまった」などが挙げられています。

また近年、増加傾向にある通信販売の定期購入に関する2022年の消費生活相談は、7万5478件で過去最多になったとしています。そして、高齢者がSNSに表示される広告から定期購入のトラブルに巻き込まれるケースも多かったとしています。

18、19歳は成人年齢引き下げが影響

2022年4月から成人となった18、19歳の相談が、約9300件あったことにも言及。18、19歳の相談の内容としては、美容やもうけ話、娯楽のトラブルに関する相談が多かったことがわかっています。

男性は「出会い系サイト・アプリ」が273件と最多であり、「内職・副業」が122件と続きます。女性は「脱毛エステ」が974件が最多で、「内職・副業」（223件）は3番目となりました。

◎親の同意がなくてもクレジットカードの作成が可能に

2022年から成人年齢が引き下げられ、18歳以上であれば親の同意がなくてもクレジットカードを作れるようになったことが、18、19歳の相談が増加した原因だと白書では指摘しています。クレジットカードに関してのトラブルでは「クレジット契約をした脱毛エステ店が倒産し、請求が不安」などの相談があったとしています。

18、19歳の消費者トラブルについては、生活環境が変わる4～6月に相談が多くなっており、白書では消費者教育の充実や気軽に相談できる体制の強化が求められるとしています。

18、19歳の消費者相談

男性	
❶出会い系サイト・アプリ	273件
❷架空請求など商品一般	272件
❸賃貸アパート	134件

女性	
❶脱毛エステ	974件
❷架空請求など商品一般	228件
❸内職・副業	223件

民法改正で、18、19歳は自分の意思だけでクレジットカードや携帯電話、アパートなどの契約が可能になった。また改正により、親などの同意を得ずに結んだ契約を、あとから取り消すことのできる「未成年者取消権」が適用されるのは17歳以下に変更されている。

ミニ試験問題にチャレンジ **間違っているのは**

1 2022年1年間に全国の消費生活センターなどに寄せられた「SNS」に関する相談件数では、20代が多いことがわかった。

2 白書は、18、19歳の相談の内容としては、美容やもうけ話、娯楽に関するトラブルが多かったことを指摘している。

答え：1　年代別で50代が最多になった。

最頻出 30

白書 警察白書

ここが出る！
刑法犯罪が 2003 年以降初めて増加

出題予想
東京都：★★★
特別区：☆☆☆

求められる急速に変化する治安課題への対応

令和 5 年版の警察白書は、2022 年 1 年間の刑法犯罪が 60 万 1331 件と、ピーク時に比べ大幅に減少してはいるものの、2003 年以降、初めて増加に転じたことを明らかにしています。このような状況下で、急速に変化する治安課題に対応するため、多様な人材の確保と職場環境の整備を警察内で推進していく考えを示しています。

◎多様化する治安課題

内閣府の世論調査で、「直近の 10 年間で日本の治安が悪化した」と回答した人は 54.5%に上ったことに言及し、安倍元総理大臣が銃撃された事件や被害が深刻化しているサイバー犯罪、それに特殊詐欺など、背景には統計だけでは表れない社会の変容にともなう治安課題の複雑化があると指摘。このように多様化する治安課題に対して、今後対策を強化していくことを強調しています。

警察に求められるマンパワーの維持・向上

白書では、2022 年の刑法犯の認知件数はピーク時の 2002 年から 78.9%減少してはいるものの、国民が体感的に感じる治安の改善は限定的であることを指摘。近年の治安課題の多様化に対応するためにも、警察における多様な能力や知見を持った人材の必要性を訴えています。

警察庁の発表によると、今後は警察でもマンパワーの維持・向上が大きな課題になるとし、警察運営の合理化や効率化を図ることが重要だとしたうえで、「社会情勢の構造的な変容を注視し、多彩な人材の確保と活用に取り組んでいく」としています。

◎匿名・流動型犯罪グループへの対策強化

さらに「闇バイト」で実行役を募って行われる強盗事件が連続して発生していることを踏まえ、SNS などの緩やかな結びつきで離合集散を繰り返す集団を「匿名・流動型犯罪グループ」と位置づけ、対策を強化していくことを強調しています。

サイバー空間での脅威が深刻化

白書では、ランサムウェアの感染が企業の供給網や地域の医療体制に影響を及ぼす事例を紹介し、フィッシング報告件数が増加する中でインターネットバンキングの不正送金被害が急増していることも指摘。サイバー空間での脅威がより深刻化している点にも言及しています。

◎希望するキャリアを歩める制度の紹介

育児などで時間的制約がある警察官でも、刑事など希望するキャリアを歩めるよう、呼び出し対応などを一定期間免除する滋賀県警の制度などについても白書で紹介。また、自転車の安全利用促進に向けた取り組みについても、今回の白書に盛り込まれています。

◎日本の治安に関するアンケートの結果

Q.現在の日本が治安がよく、安全で安心して暮らせる国だと思いますか？

平成16年7月　11.6　30.9　36.5　18.2　2.2　0.7
平成18年12月　12.3　33.9　35.7　16.9　0.4　0.9
平成24年7月　14.7　45.0　25.4　14.0　0.9
平成29年9月　28.9　51.3　13.3　5.7　0.8
令和3年12月　24.5　60.6　9.9　0.9　1.0

0%　20%　40%　60%　80%　100%

■ そう思う
■ どちらかといえばそう思う
■ どちらかといえばそう思わない
■ そう思わない
■ どちらかともいえない
■ 無回答

白書では、2023年5月の主要7カ国首脳会議（G7広島サミット）に伴う警備を振り返り、会議の進行に影響するテロやサイバー攻撃はなかったと、要人警護強化に対して総括している。

ミニ試験問題に チャレンジ

間違っているのは どっち？

1 白書では、近年の治安課題の多様化に対応するためにも、警察におけるより国際性に富んだ人材の必要性を訴えている。

2 白書では、SNSなどの緩やかな結びつきで離合集散を繰り返す集団を「匿名・流動型犯罪グループ」と位置づけ、対策を強化するとしている。

答え：1　多様な能力や知見を持った人材の必要性を訴えている。

最頻出
31

白書
エネルギー白書

ここが出る！
短期間で終わらないLNG争奪戦

出題予想
東京都：★★★
特別区：☆☆☆

ロシアのウクライナ侵攻の影響

令和5年版のエネルギー白書は、エネルギーの安全保障や燃料価格の高騰などが主要なテーマになっています。ロシアによるウクライナ侵攻の影響でLNG（液化天然ガス）の需給は、2025年ごろにかけて逼迫するとみられ、世界での「LNG争奪戦」は短期間で終わらないと強調しています。

◎世界的な生産能力が落ちているLNG

白書は、LNGの世界的な生産能力は2015年以降、脱炭素社会の実現に向けてガス田などへの投資が減っていることから、大きく増加していないことを指摘しています。そのうえで、中長期的にみてヨーロッパの需要は今後も伸びる見通しであり、輸入の増加分を主にアメリカに依存している状況下では需給逼迫が起こるとしています。

LNGの需要が高まり市場価格が高騰

ロシアは、2022年2月にウクライナへの侵攻を開始。欧州連合（EU）や主要7カ国（G7）などがロシアに経済制裁をかけたため、ヨーロッパでロシア産LNGの代替エネルギーとして、他国産のLNGの需要が急激に高まったとしています。LNGの需給逼迫により、ドイツではLNGの輸入価格が侵攻前に比べて10倍近くまで急騰するなど、ヨーロッパを中心に電気料金が高騰したことにも言及。世界の市場価格が高騰し、日本を含むアジアに波及したことにも触れています。

求められる新エネルギー普及の取り組み

LNGの価格が通常の水準に戻るのは2030年以降になる可能性もあると白書では指摘。ただし日本は、長期契約でLNGを調達しているため、ヨーロッパと比べて価格の上昇幅は小さく、電気・ガス料金の消費者物価指数もヨーロッパより抑えられているとしています。ただし、既存のLNG長期契約の更新や新規契約の締結がなされなければ、今後は急激に確保量が減少していくと分析。こうしたことから白書では、資源外交などを通じた国の関与を強化し、エネルギーの安定確保につなげるとともに、再生可能エネルギーや水素など新エネルギーの普及にも取り組んでいく必要があるとしています。

◎ GX 実現に向けた基本方針

白書は 2023 年に閣議決定したグリーントランスフォーメーション（GX）実現に向けた基本方針にも触れ、再生可能エネルギーの主力電源化や、原子力発電活用の重要性も強調しています。

GX 実現に向けた基本方針の概要

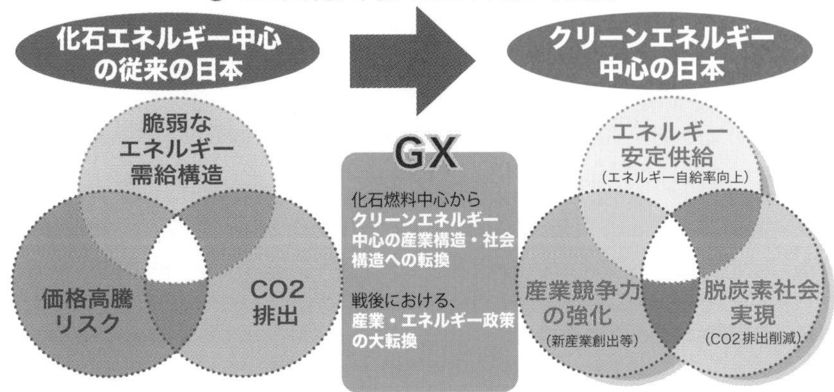

2023 年 5 月の広島サミットの首脳宣言では、天然ガスを含めた化石燃料全般を段階的に廃止していくことで合意。ただし、天然ガスは石炭よりも二酸化炭素排出量が少なく、投資を一部容認している。

ミニ試験問題にチャレンジ **間違っているのはどっち？**

1 白書では、ロシアによるウクライナ侵攻の影響で LNG（液化天然ガス）の需給が 2030 年ごろにかけて逼迫すると指摘している。

2 LNG 確保のため、資源外交を通じた国の関与を強化し、新エネルギーの普及にも取り組んでいく必要があると白書は指摘している。

答え：1　LNG の需給が 2025 年ごろにかけて逼迫すると指摘。

国際
昨年のアメリカ情勢

ここが出る！
高所得者層に対する負担増

出題予想
東京都：★★★
特別区：★★★

一般教書演説にて超党派での協力を求める

2023年2月、バイデン大統領は、前年の中間選挙で議会下院の多数派を共和党に奪われてから初めて臨む上下両院合同会議において、今後1年間の内政・外交全般にわたる施政方針を表明する一般教書演説を行いました。演説は、「ねじれ」状態にある議会を念頭に、超党派の協力によって政策の実現を訴え、結束を呼びかける場面が目立ちました。

演説時間の大半は内政に割かれ、インフラ整備法などの成果を強調。「2年間で1200万人の新規雇用を創出」という、どの大統領よりも多くの雇用を生み出したことや、インフレ率を鈍化させた実績をアピールしました。

◎中国との向き合い方に言及

外交では、「最も重大な競争相手」と位置づける中国に対して、「競争はするが、対立は求めない」との方針を示しつつ、先端技術分野で同盟国と協力し、中国に対抗する姿勢を鮮明にしました。また、アメリカ上空を飛行した中国の気球を撃墜したことを踏まえ、「中国がアメリカの主権を脅かすなら、われわれはアメリカを守るために行動する」と述べました。またウクライナについて、共和党の一部などでウクライナへの武器供与で「支援疲れ」がみられる中、支援継続の重要性を訴えました。

バイデン政権下での予算教書

2023年3月、バイデン米大統領は、2024会計年度の予算教書を公表。高所得層に負担増を求め、10年間で計3兆ドル（約410兆円）近く財政赤字を削減する意向を示しました。歳出額は6兆8830億ドルで前年度比8%増になることを明記。財政赤字の要因は社会保障費の膨張であり、「アメリカの家族の負担を軽減する」として格差是正を強調しました。

ベビーブーマー世代の退職で社会保障の給付増が続く中、高所得層に負担増を求めて少なくとも25年間は給付を維持したい考えを示し、バイデン政権が当初から掲げていた法人税率 28% への引き上げ方針も明記しました。

また、「中国に打ち勝つための重要な投資」として、国防費は 3.3% 増の 8864 億ドル（約 121 兆円）としています。

◎アメリカ国内での主な出来事

❶下院議長選出	2023 年 10 月、アメリカ議会下院で、共和党内の対立で解任された議長の後任を選ぶ投票が行われ、多数派を占める共和党のマイク・ジョンソン議員が議長に選出、下院議長の不在という異例の事態は 22 日ぶりに解消された。なお、下院議長であった前議長マッカーシー氏の解任は史上初。
❷銀行の経営破綻	2022 年 3 月、シリコンバレーバンク（SVB）が破綻し、続いてシグネチャーバンクの経営破綻取り付け騒ぎが発生し、アメリカの銀行への不安が強まった。5 月には「ファースト・リパブリック・バンク」が経営破綻。アメリカで史上 2 番目の規模の銀行破綻となった。これらを受けて、米 FRB（連邦準備制度理事会）は金融機関などを対象にしている最も厳しい規制の拡大を決定した。
❸政府の機密文書流出	2023 年 4 月、アメリカ政府の機密文書が流出した問題で、国防総省のネットワークにアクセスする権限を持つ 21 歳の空軍州兵をスパイ容疑で逮捕。流出文書には、ウクライナ軍の反転攻勢に向けたアメリカと NATO による訓練計画やウクライナの戦火の見通しなどが含まれていた。

11 月、米中央銀行の FRB は、インフレが落ち着く傾向が続いていることや長期金利の上昇傾向が家計や企業にとって負担となっていることから利上げを見送ることを決定。利上げ見送りは 2 会合連続で、政策金利は 5.25%から 5.5%の幅を維持するとした。

間違っているのはどっち？

1 バイデン大統領は一般教書演説で、「ねじれ」状態にある議会を念頭に、超党派の協力で政策の実現を訴えた。

2 予算教書では、中低所得層に負担増を求め、10 年間で計 3 兆ドル近く財政赤字を削減する意向を示した。

答え：2　負担増を求めたのは高所得者層。

最頻出 33

国際
昨年の中国情勢

ここが出る！
国家主席３期目に選出された習氏

出題予想
東京都：★★★
特別区：★★★

習氏が３期目の国家主席に選出

2023 年３月、中国の国会にあたる全国人民代表大会（全人代）が開催され、中国政府はゼロコロナ政策の影響などで停滞した経済の立て直しを進める方針を示しました。また全人代では、中国共産党の習近平総書記を国家主席として満票を獲得、異例の３選目を果たしています。新たな首相には李強・共産党政治局常務委員が選出され、習指導部のナンバー２を務めることになりました。

◎前年より引き下げた経済成長率目標

2023 年の経済成長率の目標については 5%前後とすることを表明。これは、去年の目標である 5.5%前後から引き下げた形で、IMF（国際通貨基金）の成長率の見通しである 5.2%より低い水準となりました。前年は「ゼロコロナ」政策の影響などで経済が停滞したため、目標を大きく下回ったこともあり、今回、比較的達成しやすい目標を設定したものとみられます。

台湾と香港に対する姿勢を表明

全人代では台湾について、独立に断固反対し、祖国の平和統一のプロセスを推し進めると述べ、統一を目指す姿勢を改めて強調しました。「経済や文化の交流と協力を促進し、台湾の同胞の福祉増進のための制度や政策を充実させる」とも言及。また、香港については「一国二制度」のもとで高度な自治という方針を貫徹するとしています。

◎景気の停滞を受けた課題が表面化

経済については、多くの中小企業が困難を抱えて雇用対策が困難に陥り、一部の地方政府の財政難も深刻になっていることを指摘。不動産市場が数多くのリスクを抱え、一部の中小金融機関のリスクが顕在化しているとして、景気の停滞に関する課題に触れています。そのうえで、政策運営の方針として、内需の拡大、製造業の供給網強化のための技術開発、国有企業の改革と民間企業の成長支援、外国からの投資の誘致など８つの重点項目を掲げました。

「一帯一路」の首脳会議

2023年10月に、4年ぶりに中国の広域経済圏構想「一帯一路」の首脳会議が開催され、ロシアのプーチン大統領ら新興国や途上国を中心に140カ国超の要人4000人以上が参加しました。会議で習国家主席が2019年以来、3回目となる演説を行い、過去10年のインフラ整備などの成果を強調。鉄道などの物流のネットワークの整備の加速や、製造業の外資規制を緩和する地域の制定など8項目の取り組みも挙げ、量から質への転換をめざす方針を表明しました。

◎ 中国国内でのその他の出来事

❶中国新地図	中国政府が発表した新しい地図には、南シナ海やインド北東部などの係争地が中国の「領海」や「領土」として示されており、中国政府には周辺国からの抗議が集まった。日本の尖閣諸島も中国側名称の「釣魚島」と表記されており、日本は抗議した。
❷愛国教育法	中国で愛国主義教育の強化などを定めた「愛国主義教育法」が成立。共産党の一党支配体制の徹底や、台湾の統一に向けて台湾の人々への宣伝を強化することなどが盛り込まれた。
❸不動産大手の経営危機・破綻	2023年8月、経営再建中の中国不動産大手、中国恒大集団がニューヨークで連邦破産法第15条の適用を申請。また、中国最大手の碧桂園控股など、不動産開発会社の資金繰り難が表面化。中国経済を脅かす深刻な事態を招いている。

中国の2022年末時点の総人口は14億1175万人で、前年末から85万人減ったことを発表。人口減は1961年以来、61年ぶり。世界最多の人口は中国であったが、2023年半ばにはインドが14億2860万人と中国を上回り、世界最多の座を明け渡した。

間違っているのはどっち？

1 全人代では、中国共産党の習近平総書記を国家主席として満票で選出、異例となる2選目を任されることになった。

2 経済ついて、多くの中小企業が困難を抱えて雇用対策が困難であり、一部の地方政府の財政難が深刻になっていることも全人代では指摘している。

答え：1　2期目ではなく3期目が正しい。

最頻出
34

国際
パレスチナ情勢

ここが出る！
イスラエルがガザへ地上侵攻

出題予想
東京都：★★★
特別区：★★★

ハマスによるイスラエル攻撃

2023年10月、パレスチナ自治区のガザ地区を実効支配するイスラム武装組織ハマスが、イスラエルに向けて数千発のロケット弾を発射。ハマスの戦闘員がイスラエルに侵入して南部を襲撃し、民間人多数を殺傷、多くの兵士や市民を人質として連れ去りました。パレスチナ自治政府はイスラエル攻撃には関与をしておらず、パレスチナのアッバース大統領はハマスによるイスラエル南部への攻撃を非難しました。攻撃後すぐにアメリカはイスラエル支持を表明しています。

◎ガザ地区への地上侵攻

ハマスの攻撃で第四次中東戦争以来の死者数を出したイスラエルのネタニヤフ首相は、「戦争状態にある」として中道右派野党を率いるガンツ前国防相と挙国一致政権をつくることで合意。司法改革などの争点を棚上げし、イスラム組織ハマスとの本格的な地上戦に備えることを強調し、ガザ地区に激しい空爆を開始しました。ガザの最大都市「ガザ市」にも進軍し、本格的な地上侵攻も実施。ガザ地区の北部のみならず南部へも地上侵攻を進めるなど、イスラエル軍がハマス壊滅に向けて攻勢を強めるなか、ガザ市民の犠牲を憂いて侵攻の中止を求める声が国際的に高まりました。

近年のイスラエルとパレスチナ

この戦争状態の前から、パレスチナ自治政府とイスラエル政府との間の和平交渉は進展せず、断続的な争いが続いていました。背景には、イスラエル建国から続く衝突の歴史や相次ぐテロ問題などがあり、さらにイスラエル政権が進めるヨルダン川西岸や東エルサレムでの入植活動があります。

◎アメリカがエルサレムをイスラエルの首都と認定

近年のパレスチナをめぐる動きでは、2017年にアメリカがエルサレムをイスラエルの首都と認め、翌年アメリカ大使館をエルサレムに移転したことが挙げられます。2020年1月に、アメリカは新中東和平案を発表し、パレスチナ国家の樹立を明記するとともに、イスラエルがヨルダン川西岸の30%にあたるユダヤ人入植地とヨルダン渓谷を併合できると明記しました。

2022年7月、バイデン米大統領はヨルダン川西岸でパレスチナ自治政府のアッバス議長と会談。バイデン大統領はパレスチナ国家樹立を前提とする「2国家共存」への支持を改めて表明し、パレスチナ支援で総額3億1600万ドルの拠出を発表しました。10月、パレスチナ自治政府の主流派ファタハを率いるアッバス議長と、自治区ガザを実効支配するイスラム組織ハマスの指導者ハニヤ氏が会談。ファタハとハマスは対立しており、会談は2016年以来のことでした。

◎これまでのイスラエルとパレスチナ間の主要な動き

1948年	イスラエルとアラブ連合との間でパレスチナ領有をめぐる第一次中東戦争勃発。
1967年	アメリカがイスラエルを、ソ連がアラブ連合を支援し第三次中東戦争勃発。
1987年	イスラエル占領地におけるパレスチナ人（アラブ人）とイスラエル人の暴力的事件である、第一次インティファーダ※が発生。
1993年	パレスチナ自治政府を承認（オスロ合意）。
2000年	第二次インティファーダ発生で両者の和平交渉が決裂。
2012年	国連総会において、パレスチナ自治区をオブザーバー国家に正式承認。
2014年	イスラエルの少年誘拐殺害事件を契機に、地上戦を含む50日間のガザ攻撃。
2017年	アメリカがエルサレムをイスラエルの首都と公式に認定。

※蜂起、反乱の意味

「東エルサレム」…1967年の第三次中東戦争以降、イスラエルが実効支配しているが、パレスチナ自治政府もパレスチナ人国家の首都として位置付けており、停戦合意後も衝突が相次ぐ。

ミニ試験問題にチャレンジ **間違っているのはどっち？**

1 2023年10月、ハマスがイスラエル襲撃を契機として、イスラエルはハマスの拠点であるガザ地区への地上侵攻を含む攻撃を開始した。

2 2022年7月、バイデン米大統領はパレスチナ自治政府のアッバス議長と会談、パレスチナ国家樹立を前提とする「一国二制度」への支持を表明した。

答え：2　パレスチナ国家樹立を前提とする考えは「2国家共存」。

最頻出
35

国際
ロシアのウクライナ侵攻

ここが出る！
ウクライナが反転攻勢を開始

出題予想
東京都： ★★★
特別区： ★★★

ロシアが特別軍事作戦を開始

2022 年 2 月、ロシアはドネツク人民共和国とルガンスク人民共和国への国家独立承認と友好協力相互支援協定へ署名。プーチン露大統領はウクライナでの特別軍事作戦を開始すると述べて攻撃を開始しました。これを受けてウクライナのゼレンスキー大統領は戒厳令を発布、ウクライナは戦争状態へと突入します。

国連安全保障理事会ではロシア非難決議を採決し、西側諸国は経済政策を課すことを決定。EU と米英などが国際送金システムを担う SWIFT（国際銀行間通信協会）からロシアの銀行を締め出す制裁で合意します。

◎ロシアによる東部・南部４州の併合

アメリカと欧州諸国の軍事同盟である北大西洋条約機構（NATO）は、ロシアに近い国に軍隊を送って応戦。武器の提供も行い、ウクライナを支援していきますが、ロシアはウクライナ東部の要衝リマンやマリウポリを占領、東部と南部を制圧し、９月にロシアはウクライナ東部・南部のドネツク州、ルガンスク州、ザポリージャ州、ヘルソン州の４州を併合したことを宣言。４州で行われた住民投票では、ロシア編入への賛成が各州とも 90%前後だったと発表されました。

ロシアとウクライナの戦闘が激化する中、ロシアと接するフィンランドとスウェーデンは中立化政策を取っていましたが、NATO に加盟を申請しました。ウクライナのゼレンスキー大統領も、迅速な加盟を可能にする手続きを正式に申請すると表明しました。

ウクライナ侵攻のその後

2023 年、侵攻が長期化するなか、アメリカや欧州諸国が主力戦車をウクライナへ供与することを相次いで表明。5 月、ゼレンスキー大統領は G7 広島サミットに電撃参加し、G7 首脳やインドのモディ首相らと相次ぎ会談。米欧からは追加の軍事支援をとりつけ、新興国にもウクライナへの支持を訴えました。8 月には、オランダとデンマークがアメリカ製の F16 戦闘機の供与を決定。ウクライナが求めてきた念願の兵器の獲得ですが、運用は 2024 年になる予定です。

◎反転攻勢するも攻めあぐねるウクライナ

2023 年 6 月からは、ウクライナは 2014 年にロシアが併合したクリミア半島を含む全領土の奪還を掲げて反転攻勢を開始。東部ドネツク州や南部ザポロジエ州で米欧が供与した戦車などを使って前進をはかりましたが、ロシアが二重三重に敷く防衛ラインの突破に苦しみ、反転攻勢の開始から最初の 2 週間でウクライナ軍は戦車や装甲輸送車など前線に投入した兵器の 2 割を失うことになりました。その後もウクライナは南部や東部で徐々に進軍しましたが、反攻で奪回した領土は、ロシア占領地全体の 0.3% 程度だとされています。

ウクライナ支援国の支援疲れ

2023 年 9 月、ゼレンスキー大統領がロシアによる侵攻開始以降、初めて国連総会に登壇。新興国などを苦しめる食料高騰や気候変動対策の遅れの元凶はロシアにあると指摘し、「侵略者を倒すため団結を」と呼びかけました。10 月には欧州政治共同体（EPC）の首脳会議に参加、同月には NATO 本部を訪問するなど、ロシアへの反攻継続に向けての支援を求めました。厭戦ムードと支援疲れが、ウクライナを支援してきた国にも少しずつ広がる中、バイデン米政権はウクライナへの約 9 兆円の支援を盛り込んだ緊急予算案の成立を議会に求めましたが、野党・共和党の支援消極論で採決に至らない状況が続きました。

2023 年 3 月、国際刑事裁判所（ICC）は、ロシアのプーチン大統領らに逮捕状を出した。ウクライナ侵攻をめぐっての子どもの連れ去りに焦点をあてたが、ロシアは ICC に加盟しておらず、実際に訴追される可能性は低いとされている。

ミニ試験問題に チャレンジ **間違っているのはどっち？**

1 2023 年 6 月、ウクライナは 2014 年にロシアが併合したクリミア半島を含む全領土の奪還を掲げて反転攻勢を開始し、領土を大きく奪還した。

2 2022 年 9 月、ロシアはウクライナ東部・南部のキーウ州、ルガンスク州、ザポリージャ州、ヘルソン州の 4 州を併合したことを宣言した。

答え：1　ウクライナの反転攻勢で大幅な領土奪還は果たせていない。

国際
BRICS 拡大

ここが出る！
拡大で 11 カ国体制へ

東京都：★★★
特別区：★★★

BRICS 拡大を中国が主導

2023 年 8 月、ブラジル、ロシア、インド、中国、南アフリカ（BRICS）による首脳会議（サミット）が南アフリカで開催されました。会議で首脳らは、グローバルサウスと呼ばれる新興・途上国の地位向上を訴え、BRICS のメンバーを拡大していく方針に賛成する姿勢をみせました。

BRICS の拡大は、アメリカとの対立を深める中国が主導しているものです。中国は BRICS を通じてグローバルサウスとの連携を深め、G7 などに対抗するのがねらいです。ウクライナ侵攻をめぐって欧米と対立し、国際社会で孤立しているロシアも、BRICS の拡大案に賛成の立場を示しました。

◎ BRICS 拡大で 11 カ国体制に

会議では、加入を申請している国のうち、サウジアラビア、イラン、アルゼンチン、エジプト、エチオピア、アラブ首長国連邦（UAE）の 6 カ国について、2024 年 1 月に正式な BRICS のメンバーとなることを発表。BRICS の拡大は、2010 年に南アフリカが加わって以来で、当面は 11 カ国体制になります。

前身は 4 カ国体制でスタート

BRICS の前身である BRICs という言葉は、ブラジル、ロシア、インド、中国の頭文字を取って生まれ、2050 年までに世界経済を席巻する成長市場であることが指摘されました。4 カ国は 2009 年にロシアで初めて首脳会議を開催し、2010 年に南アフリカを招待国として参加させて 2011 年以降、正式なメンバーとして受け入れて BRICS になったという経緯があります。

◎世界経済に占めるシェアは 26% に急増

BRICS の 5 カ国は世界人口の 40% を占め、世界経済に占めるシェアは 2000 年には 8% に過ぎませんでしたが、2022 年は 26% にまで急増。この間、G7 の国内総生産（GDP）は 65% から 44% に低下しており、購買力平価ベースでは、すでに BRICS が G7 を上回る勢いをみせています。

BRICSに参加を希望する国は40カ国以上

実力を増したグローバルサウスと呼ばれる新興国・途上国には、G7など欧米が主導する国際秩序で自分たちの主張が十分に反映されていないとの不満があり、BRICSに参加を希望する国は40カ国以上、正式に加入を申請した国は20カ国以上にのぼっています。特に、財政の健全性や汚職対策を基準とした国際金融機関の投融資や、工業化の妨げになりかねない温暖化対策の負担に対し、批判する新興国・途上国もあり、今後、BRICSのさらなる拡大が予想されます。

ただし、拡大にあたっては、中ロや米欧との間で独自の外交を行うインドやブラジルなどとの間で考えが異なり一枚岩とはいえず、今回の会議でも議長の南アフリカは「BRICSはG7に対抗しない」ことを強調しました。

BRICSとアメリカの関係

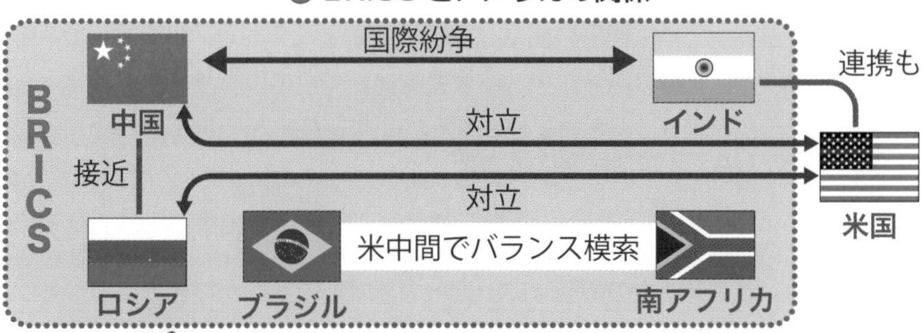

先進国が主導してきた国際社会の中で、BRICSは新興国が存在感を主張する場となっている。2015年にはBRICS銀行とも呼ばれる新開発銀行(NDB)を設立。新開発銀行にはその後バングラデシュ、アラブ首長国連邦(UAE)、エジプトも加わっている。

ミニ試験問題にチャレンジ　間違っているのはどっち？

1 サウジアラビア、イラン、アルゼンチン、エジプト、エチオピア、UAEの6カ国は、2024年1月に正式なBRICSのメンバーとなる。

2 あらゆる経済指標における世界経済に占めるシェアで、すでにBRICSはG7を上回っている。

答え：2　購買力平価ベースでのGDPではBRICSがG7を上回っている。

最頻出
37

国際
NATO（北大西洋条約機構）

ここが出る！
日本とNATOがITPPで合意

出題予想
東京都：★★★
特別区：★★★

ウクライナ支援を打ち出したNATO首脳会議

2023年7月、米欧の軍事同盟である北大西洋条約機構（NATO）は首脳会議を開催しました。会議では、ウクライナを結束して支援していく姿勢を明確にし、長期的に武器供与を継続することを約束。ウクライナが制空権確保のために求めてきた長距離ミサイルの供与も打ち出しています。フランスは射程250キロメートルの空中発射巡航ミサイル「スキャルプ」を新たに供与すると発表、ドイツは地対空ミサイル「パトリオット」の追加供給も決定しました。

◎ウクライナのNATO加盟時期は示さず

ただし、ウクライナが求めるNATO加盟について時期を示すことはなく、ウクライナのゼレンスキー大統領はこの対応に不満をにじませました。NATO加盟国の間では、ウクライナの加盟はロシアとの停戦後にすべきだとの意見が多いことが理由です。北大西洋条約第5条には、1つの加盟国への攻撃をNATO全体への攻撃とみなし、加盟国は攻撃された国の防衛義務を負うとあり、今ウクライナ加盟を認めればNATO各国はロシアと戦争状態になるためです。

◎中国への懸念を表明

共同声明では「中国の野心と威圧的な政策はNATOの利益や安全、価値観への挑戦」と明記。覇権主義的な行動を続ける中国に対しての懸念を表明しています。また、日本を含むアジア太平洋地域のパートナーとの協力を深める姿勢を明らかにしています。

31カ国体制になったNATO

2023年4月、NATOはフィンランドの加盟を正式に決定。フィンランドはロシアのウクライナ侵攻を踏まえて、2022年5月にスウェーデンとともにNATOへの加盟を申請していました。今回の承認で、NATOは31カ国体制になっています。一方、スウェーデンのNATO加盟については、ハンガリーが承認手続きを先延ばしにしており、実現に至っていません（2023年12月現在）。

日本とNATOの安全保障面での協力

2023年7月、NATO首脳会議に「パートナー国」の首脳として出席した岸田首相はNATOのストルテンベルグ事務総長と会談し、日本とNATOは安全保障面の協力に関する「日・NATO国別適合パートナーシップ計画（ITPP）」で合意。サイバーや宇宙など15程度の協力分野を提示し、連携の方向性や目標を盛り込んでいます。日・NATO国別適合パートナーシップ計画は2023年からの4年間を対象とした文書であり、「日NATO協力を新たな高みへと引き上げるために策定した」ことを表明しています。

また、NATOはアジア初の連絡事務所を東京に新設する案を進めてきましたが、中国との経済関係を重視するフランスのマクロン大統領が反対しており、引き続き調整中としています。

ウクライナのNATO加盟

NATO
ポーランドやバルト3国
「首脳会議で道筋示すべき」と主張
アメリカやドイツ
「加盟判断は時期尚早」と慎重な姿勢
長期支援
ウクライナ
加盟に向けた明確な道筋求める

侵攻
ロシア
加盟の動きを警戒

NATO首脳会議では、GDP 2％としていた加盟国の防衛費の目標を「最低2％」とすることも発表。2014年に防衛費を10年以内にGDP比2％に引き上げることで合意していたが、2023年に目標を達成した加盟国は半分にも満たない11カ国にとどまった。

ミニ試験問題にチャレンジ
間違っているのはどっち？

1 NATO首脳会議では、ウクライナが求めるNATO加盟の時期を示すことはなかった。

2 2023年4月、フィンランドのNATO加盟については、ハンガリーが承認手続きを先延ばしにしており、実現に至っていない。

答え：2　加盟が承認されていないのはスウェーデン。

最頻出 38

国際
台湾情勢

ここが出る！
蔡英文総統がアメリカを訪問

出題予想
東京都：★★★
特別区：★★★

新内閣の発足と新党主席の誕生

2022 年 11 月、蔡英文総統は自身が代表を務める与党・民進党が統一地方選挙で大敗した責任を取り、党主席を辞任すると表明。2023 年 1 月、蔡総統から行政院長（首相）に指名された陳建仁氏が率いる新内閣が発足しました。2024 年 1 月の次期総統選に向け、党勢を立て直すのがねらいです。

民進党のトップ（党主席）には、頼清徳副総統が就任。就任時の記者会見では「台湾はすでに独立している。台湾の独立を改めて宣言する必要はない」と述べ、独立色を抑え、バランスを重視する方向性を打ち出しました。

◎蔡総統が４年ぶりに訪米

2023 年 3 月と 4 月、中米歴訪の経由地として蔡総統はアメリカを訪問。訪米は 2019 年 7 月以来、約 4 年ぶりとなりました。マッカーシー米下院議長（当時）と会談し、議長は「アメリカの台湾の人々への支持は揺るぎなく、超党派のもの」と強調。中国が台湾への統一圧力を強めるなか、米台で武器支援や経済関係で連携を強化していくことを明らかにしました。実質ナンバー３となる下院議長との対面は、訪米して会談した米政界の要人では最高位となります。

これに中国は強く反発し、中国海軍の空母「山東」の艦隊が台湾の南東海域を航行、台湾側を牽制しました。

統一圧力を強める中国

台湾の国防部は、2023 年版の「国防報告書（国防白書）」を発表。統一圧力を強める中国について「ロシアとの軍事協力をますます緊密化させている」と指摘しています。2022 年以降、中国の軍用機や艦艇が台湾海峡にとどまらず、台湾周辺の海空域に多面的に侵入しているとし、中国軍が空母や空中給油機を増強したことを例に挙げ、活動範囲の拡大に警戒を示しています。

報告書では、自衛力を高めるため、ウクライナ戦争で注目される軍事用ドローン（無人機）の導入を進める方針も示しています。

中国に対して穏当な表現にとどめた蔡総統の演説

2023 年 10 月、蔡総統は建国記念日に当たる「双十節」の式典で演説し、日米との連携を重視する姿勢を訴えました。前年の演説では、軍事的威嚇を強める中国を繰り返し厳しく批判しましたが、今回は「現状維持を核心として、お互いが受け入れ可能な平和共存の道を発展させていきたい」と穏当な表現にとどめました。また、9 月に台湾初となる自前建造の潜水艦の進水式にこぎつけたことをアピールし、「私たちは台湾を守る決意をみせる」と力強く言及しました。

◎ 台湾をめぐる日米中の関係

日本 
台湾が中国の一部だとする中国政府の立場を「理解し、尊重する」

アメリカ
台湾関係法で台湾防衛に関与
台湾が中国の一部だとする中国政府の立場を「認識」する

アメリカ→日本：有事の際 同盟国として 支援を期待

日本→中国：重要市場として経済重視

米中対立
先端技術で覇権争い
人権問題
南シナ海問題など

アメリカ→台湾：支持・支援強化

中国
台湾統一は悲願
「一つの中国」原則堅持を国際社会に求める

中国→台湾：軍事的挑発 国際社会で 締めつけ

台湾 
民主主義の発展、台湾人意識の高まり
安全保障上の地理的要衝
半導体などサプライチェーンの中心

2024 年 1 月に行われた台湾総統選は、与党・民進党の頼清徳副総統、対中融和路線である国民党の侯友宜氏、台湾民衆党の柯文哲氏で争われ、頼氏が勝利。同じ政党が 3 期続けて政権を担うのは初めて。同時に行われた立法委員（国会議員）選は、国民党が第 1 党となり、民進党は少数与党に転落して、国会は事実上「ねじれ」状態となった。

間違っているのはどっち？

1 民進党の党主席には、頼清徳副総統が就任し、中国からの独立を強く訴え、中国に対する強行姿勢の方向性を打ち出した。

2 国防報告書では、自衛力を高めるため、ウクライナ戦争で注目される軍事用ドローン（無人機）の導入を進める方針も示した。

答え：1　独立色を抑え、バランスを重視する方向性を打ち出した。

最頻出
39

国際
IPEF の発足

ここが出る！
貿易の分野は妥結できず

出題予想
東京都：★★★
特別区：★★★

インド太平洋地域の通商ルール

2022年5月、バイデン米大統領は、アメリカが主導する新たな経済連携「インド太平洋経済枠組み（IPEF：アイペフ）」の発足を宣言しました。「インド太平洋地域の国々の力強く公平な経済成長に向けて、我々が21世紀の経済ルールを作っていく」と強調。経済協定であるTPPやRCEPではなく、アメリカが主導するIPEFがインド太平洋地域の通商ルールになることを主張しました。

◎ IPEFを構成する4分野

IPEFは①公平で強靭性のある「貿易」、②「供給網（サプライチェーン）」の強化、③「クリーン経済」、④「公正な経済」の4つで構成されます。貿易をめぐる労働・環境問題への対応やデジタル貿易などに加えて、半導体など重要物資や先端技術の供給網を強化することで「脱中国依存」をめざす枠組みになります。

当初の参加国は13カ国

IPEFには、当初、日本を含む13カ国が参加（のちにフィジーが参加表明）。RCEP交渉から離脱したインドや、TPPに加入していないインドネシアが含まれており、TPPやRCEPをしのぐ広がりを持つ枠組みになります。

IPEFがTPPやRCEPと決定的に異なるのは、関税を相互に撤廃する「自由貿易協定」ではないことです。参加国は一部の分野だけ加わることも可能なため、経済連携枠組みとしての効果はTPPやRCEPにおよばない可能性も指摘されています。

IPEFの閣僚級会合を開催

2022年9月には、14カ国が参加するIPEFの閣僚級会合が行われました。参加国は正式な交渉を始めることで合意し、サプライチェーンの強化や脱炭素など4分野で声明をとりまとめています。会合では、IPEFの掲げる4つの分野に対して、日本を含む13カ国が全分野の交渉に参加することで合意しました。

しかし、インドは貿易分野への参加は見送ることを表明。国境を越えた自由なデータ移転の実現をめざす日米と隔たりが埋まっていないことが理由です。

◎「貿易」の分野は妥結できず

2023年5月には、協議の4分野の1つである重要物資の供給網（サプライチェーン）を強化する協定で一致。有事や感染症拡大などで重要物資が途絶した際を念頭に共同調達する仕組みで合意しました。何を重要物資と見なすかについての認識を共有し、供給網づくりを進めることでも確認しています。

11月の会合では、4分野の「貿易」はデータ流通に関するルール作りで意見の隔たりがあり合意できず、実質妥結できませんでしたが、脱炭素に向けた投資を促進する「クリーン経済」と、汚職の防止などの「公正な経済」の分野については妥結したことが発表されました。

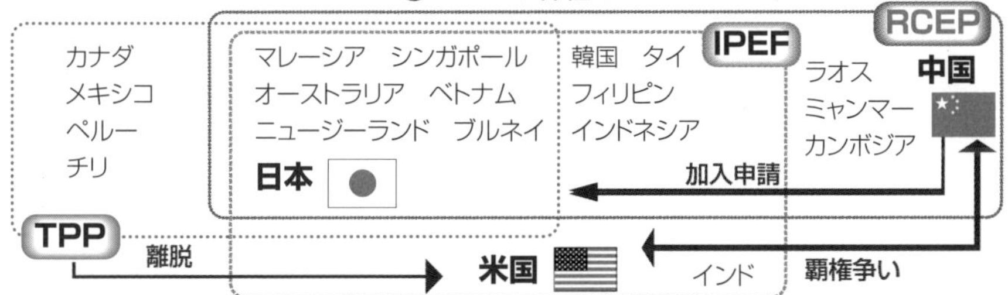

IPEFには4カ国協力を推進する日米豪印のほか、韓国、ニュージーランド、インドネシア、タイ、マレーシア、フィリピン、シンガポール、ベトナム、ブルネイ、フィジーの計14カ国が参加。参加国の国内総生産（GDP）の合計は世界全体の約40%を占める。

ミニ試験問題にチャレンジ

間違っているのはどっち？

1 IPEFは、半導体など重要物資や先端技術の供給網を強化することで「脱中国依存」をめざす枠組みになる。

2 2023年11月までの閣僚級会合で、IPEFを構成する4分野のすべてについて参加国で妥結している。

答え：2 「貿易」以外の分野で妥結している。

国際 日韓問題

ここが出る！
シャトル外交を 12 年ぶりに再開

出題予想
東京都：★★★
特別区：★★★

契機となったのが元徴用工訴訟問題

以前より日本と韓国は、竹島問題や従軍慰安婦問題などを抱えていましたが、契機となったのが 2019 年に発生した元徴用工訴訟問題です。この問題は、日本の植民地時代に朝鮮半島から動員された元徴用工の韓国人４人が新日鉄住金に損害賠償を求めた韓国の最高裁の判決で、新日鉄住金に約 4000 万円の賠償を命じる高裁判決が確定したことに端を発します。

前年の 2018 年 12 月には、石川県の能登半島沖で海上自衛隊のＰ１哨戒機が韓国海軍の駆逐艦から射撃用の火器管制レーダーを照射されたと発表。日本政府は抗議、両国間の対立が表明化しつつありました。

対立が深刻化する中、日本は半導体が主力輸出品である韓国に対して、半導体製造に使われる素材３品目の輸出規制を実施。さらに韓国を、安全保障上、信頼関係を築くことのできる「グループＡ」（元ホワイト国）の指定から外すことを表明。日韓関係は「戦後最悪」の状況へとなっていきました。

◎日韓問題の融和に向けての歩み

2022 年７月、林外務相（当時）は韓国の朴外相（当時）と会談、元徴用工問題を早期に解決することで一致しました。尹政権が発足してから日韓外相の正式会談は初めてで、冷え込んだ両国関係の修復をめざし、ハイレベル対話を本格化させました。日本は「元徴用工問題で進展がなければ首脳会談はしない」との立場でしたが、岸田首相は９月にニューヨークで尹大統領と懇談という位置づけで約 30 分間対話。尹大統領が元徴用工問題に関して現状を説明したとみられており、11 月の ASEAN 関連首脳会議の際の日韓首脳会談への布石となりました。

日韓「シャトル外交」再開へ

2023 年３月、韓国の尹大統領は元徴用工問題について韓国の財団が賠償を肩代わりする解決策を提示し、岸田首相はこれを評価。これを機に、国際会議にあわせたものを除けば 12 年ぶりとなる日韓首脳会談が日本で実現しました。会談で岸田首相と尹大統領は、経済安全保障に関する対話の枠組みを新たに創設することや、2011年から滞っていた首脳が相互に訪問し合う「シャトル外交」の再開で合意しました。

5月にはG7の招待国として再び尹大統領が訪日し、日韓首脳会談が行われ、その直後には岸田首相が訪韓しました。そこで行われた日韓首脳会談では、相互往来を後押しするため、航空便の大幅増の協議や奨学金制度の充実についてが話し合われました。

日韓の対話と措置の緩和

日韓両首脳の会談後に経済・金融分野でも改善が進みました。4月には外務・防衛当局間の日韓安保対話が5年ぶりに開かれました。6月には、浜田防衛相（当時）と韓国の李国防相（当時）により3年半ぶりに日韓防衛相会談が行われ、日韓関係悪化の一つの理由でもあった火器管制レーダーの照射問題をめぐり、再発防止で合意しました。

◎韓国をグループA（旧ホワイト国)」に再指定

経済面では、6月に日韓関係の悪化から失効していた、金融危機の際に通貨を融通する通貨交換（スワップ）協定を再開することで両政府は合意しました。また、輸出優遇措置の対象となる「グループA（旧ホワイト国）」に韓国を再指定、韓国向けの輸出管理を厳格化した措置は4年ぶりにすべて解除されました。

2019年8月に日本は韓国を、輸出管理制度の「グループB」に格下げしており、日韓の貿易に多大なマイナスの影響を及ぼしていた。今回グループAに戻ったことで、国際的に決まっている「リスト規制」の品目以外は原則として輸出許可が不要になる。

ミニ試験問題に チャレンジ **間違っているのはどっち？**

1 2023年3月の日韓首脳会談で、2011年から滞っていた首脳が相互に訪問し合う「シャトル外交」の再開で合意した。

2 2023年6月、通貨交換協定を再開することで日韓両政府は合意、これにより韓国向けの輸出管理を厳格化した措置は4年ぶりにすべて解除された。

答え：2　通貨交換（スワップ）協定は、金融危機の際に通貨を融通することを定めた協定。

国際
北朝鮮情勢

ここが出る！
ロシアによる軍事技術提供の方針

東京都：★★★
特別区：★★★

核を増強する路線に回帰

2021年1月、北朝鮮の第8回朝鮮労働党大会が5年ぶりに開催され、党総書記に就いた金正恩総書記は核を増強する路線に回帰する方針を明確にしました。アメリカに強硬姿勢を示しながら、中国とは友好関係を維持することも表明し、ミサイル発射実験の再開を明らかにしました。3月、北朝鮮の活動家をアメリカに引き渡したことを理由にマレーシアとの外交関係を断絶する声明を発表しました。

◎繰り返されるミサイル発射

2022年1月、ミサイル発射による北朝鮮の一連の挑発行為への対応として、北朝鮮の1団体および7個人をアメリカの資産凍結措置の対象に追加指定。北朝鮮はこれに強く反発し、朝鮮労働党政治局会議が招集され、中止を宣言した核実験や大陸間弾道ミサイル（ICBM）発射の再開を示唆しました。

以降、ICBM級を含むミサイル発射は断続的に行われ、11月には北朝鮮が1日で20発を超すミサイルを発射したことを受けて、国連安全保障理事会は緊急会合を開催。安保理として一致した対応はとれませんでしたが、中露以外の13カ国が北朝鮮を非難する共同声明を相次いで発表しました。

なお、9月に開催された最高人民会議では「核兵器の発展の高度化」について憲法に記載することを決定。核保有によって戦争抑止や地域と世界の安定を守るといった内容が、新たに北朝鮮の憲法に加わることになりました。

軍事偵察衛星の発射に成功

2023年に入ってからも、北朝鮮は大陸間弾道ミサイル（ICBM）「火星17」の発射を実施。アメリカ全土も射程に入るミサイルを顕示するなど、ミサイル発射が相次ぎました。5月には初となる軍事偵察衛星の発射を行うも失敗し、続けて8月にも行いましたが失敗しています。

軍事偵察衛星の発射について浜田防衛相（当時）は、北朝鮮が飛しょう体を発射した場合、本体や関連装置が日本の領域に落下する恐れがあることより、弾道ミサイルなどを迎撃するための「破壊措置準備命令」を自衛隊に出しました。

11 月には軍事偵察衛星の 3 回目の打ち上げを行い、地球の周回軌道に正確に進入させて成功、12 月から運用を開始することを表明しました。

金総書記のロシア訪問

2023 年 9 月に北朝鮮は、ロシアとの軍事協力を強化する考えを示し、金正恩総書記は陸路でロシアに入国。2019 年 4 月以来、およそ 4 年半ぶりにプーチン大統領と口朝首脳会談を行いました。プーチン大統領は会談前にロシアで不足する弾薬を北朝鮮から受け取るのと引き換えに、ミサイルや人工衛星、原子力潜水艦に関する技術を提供する意向を表明。会談では、武器取引や共同訓練について協議したとされています。

◎ これまでの北朝鮮の主な首脳会談

❶南北首脳会談	2018 年 4 月、金委員長と韓国の文前大統領が、金正恩体制で初となる南北首脳会談を実施。南北の首脳会談は約 10 年ぶりで板門店宣言に署名。2018 年 9 月、文前大統領が平壌を初めて訪問し、両首脳間では2回目となる南北首脳会談を実施。平壌共同宣言に署名。
❷米朝首脳会談	2018 年 6 月、史上初の米朝首脳会談。トランプ前大統領が北朝鮮に体制保証を約束し、金委員長は「完全な非核化」に向けて、取り組むことを確認。2019 年 2 月、ベトナムの首都ハノイで行われたトランプ前大統領と北朝鮮の金委員長の首脳会談。発表されるはずだった合意文書の署名は見送られた。2019 年 6 月、南北の軍事境界線にある板門店で面会。トランプ前大統領は徒歩で境界線を越えて北朝鮮側に入って3回目の会談を行った。

2023 年 9 月、北朝鮮は、新たに建造された「戦術核攻撃潜水艦」の進水式を行ったと発表。金総書記は、「核を大量に搭載し先制・報復打撃ができる」とし、原子力潜水艦の開発も加速させるとした。

ミニ試験問題にチャレンジ **間違っているのはどっち？**

1 北朝鮮は、ロシアとの軍事協力を強化する考えを示し、金正恩総書記はロシアに入国してプーチン大統領との口朝首脳会談を行った。

2 2023 年 5 月には、初となる軍事偵察衛星の打ち上げを行い、地球の周回軌道に正確に進入、成功させている。

答え：2　11 月の3回目の打ち上げでようやく成功させた。

最頻出 42

国際
ヨーロッパでの選挙①

ここが出る！
右派政党の勝利

出題予想
東京都：★★★
特別区：★★★

フィンランド総選挙

2023年4月に行われたフィンランド総選挙は、マリン前首相率いる中道左派「社会民主党」が敗れて野党の中道右派「国民連合」が第1党になりました。今回の総選挙の争点は、ロシアによるウクライナへの軍事侵攻などの影響で深刻化したインフレへの対応や経済政策でした。

◎連立政権を率いるオルポ新首相

「国民連合」は過半数の議席を獲得できなかったため、連立交渉が行われ、6月に議会は「国民連合」のペッテリ・オルポ党首を新しい首相に選出。オルポ新首相は、第2党の右派「フィン人党」など3つの政党との連立政権を率ることになりました。

フィンランドは、ロシアとおよそ1300キロにわたって国境を接し、ウクライナ侵攻を受けて、2023年4月にNATOへの加盟を実現させましたが、新政権になっても安全保障政策の方針は維持する見通しです。

ポーランド総選挙

2023年10月、ポーランドで総選挙が行われ、右派の与党「法と正義（PiS）」が第1党となりました。しかし、反EU路線をとる「法と正義」の得票率は35%で、第1党の座を維持したものの過半数は確保できず、他の政党も「法と正義」との連立を拒否していることから、組閣は不可能になりました。

選挙後に開かれた新議会では、半数を獲得した野党勢力が連立政権を樹立、第2党となった中道の野党連合「市民連立」を率いるEU前大統領のトゥスク元首相が首相に選ばれました。

今回の政権交代で、同国の外交政策はEUとの協調路線に回帰する見通しです。また、エネルギー政策については従来の石炭火力重視を転換し、2030年までに全体の最大70%を風力発電や太陽光発電などの再生可能エネルギーに切り替える方針を示しています。

スイス総選挙

2023 年 10 月、スイスで総選挙が行われ、移民抑制策などが支持を得て、右派で第 1 党の「国民党（UDC）」がさらに議席を伸ばしました。「国民党」の得票率は 28.9% と直前の世論調査の支持率を上回り、下院における議席数は前回の 2019 年選挙から 8 議席伸ばして 61 議席となっています。医療費増大を掲げた中道左派の「社会民主党（PS）」も選挙前と同じく支持率 2 位を維持し、41 議席を確保。一方、気候変動の注目度が移民問題ほど高まらなかったことから、前回選挙で躍進した環境政党の「緑の党」は失速しました。

今回の選挙では、移民政策が大きな政策の焦点となりました。「国民党」は移民の急速な流入によって国内の人口が増えすぎているとして、受け入れ上限の厳格化や不法滞在者の迅速な国外追放などを主張していました。

ギリシャ総選挙

2023 年 6 月、ギリシャで 2023 年で 2 度目となる総選挙が行われ、中道右派「新民主主義党（ND）」が大勝。単独過半数の得票を獲得し、2 期目の単独政権が樹立しました。経済成長を実現した手腕が有権者の支持を得たと考えられています。

総選挙は 5 月に一度実施され、「新民主主義党」が第 1 党になりましたが、単独過半数には届きませんでした。党首のミツォタキス氏は他党との連立を組むことなく、再選挙を選択したという経緯があります。

再任することとなったミツォタキス首相は「重要な改革をより迅速に進めるための信託を得た」と勝利宣言をし、経済成長によって賃金を上昇させ、不平等を是正すると強調しました。

ミニ試験問題にチャレンジ

間違っているのはどっち？

1 2023 年 4 月のフィンランド総選挙は、マリン前首相率いる「社会民主党」が敗れて野党の「国民連合」が過半数の議席を占めて第 1 党となった。

2 2023 年 10 月、ポーランドで行われた総選挙の結果、政権交代で連立政権が樹立し、外交政策は EU との協調路線に回帰する見通しとなった。

答え：1　過半数の議席を占められず連立政権を樹立。

最頻出
43

国際
ヨーロッパでの選挙②

ここが出る！
オランダでは極右政権が勝利

出題予想
東京都：★★★
特別区：★★★

スペイン総選挙

2023年7月に行われたスペインの総選挙は、中道右派の野党「国民党」が第1党の座を確保しました。「国民党」のフェイホー党首は、物価高などの社会不安の責任はサンチェス首相にあると主張して支持を拡大。与党だったサンチェス首相率いる「社会労働党」が、訴追されているカタルーニャ州の独立を目指す独立派政党と協力していることに反発が強まり、第1党の座を受け渡す結果となりました。「国民党」は政権入りが注目されていた極右政党「ボックス」とあわせても過半数には達せず、「社会労働党」と行った首相選出に向けた交渉も失敗。「国民党」を率いるフェイホー党首は過半数の支持を得られず、首相に選出されませんでした。政治的な空白が続きましたが、11月に「社会労働党」は第4党の急進左派連合「スマール」や独立派政党の協力取り付けに成功。首相を選出するための信任投票が行われ、サンチェス首相の再選が決定し、組閣では過半数の女性閣僚を任用したことで注目を浴びました。

オランダ総選挙

2023年11月、オランダ下院総選挙が行われ、反イスラムを掲げるヘルト・ウィルダース党首が率いる極右「自由党」が議席を倍増させ、第一党となりました。ポピュリスト政治家とされるウィルダース氏は「全員の首相」になると約束。選挙の争点となったのは移民問題であり、移民の受け入れ制限をめぐる閣内対立から連立が崩壊したルッテ前首相の前政権に対する世論の不満に乗じて、移民・難民受け入れ反対を唱えた「自由党」が支持を伸ばした形です。さらにウィルダース氏は、オランダのEUからの離脱を問う国民投票の実施も呼びかけていました。

◎難航する連立交渉

選挙後の連立交渉では、第2党となる見通しの左派連合が「自由党」と連立しない方針を表明。連立相手になり得る議席数3位の中道右派リベラル「自由民主国民党（VVD）」、4位の中道派新党「新社会契約党（NSC）」との間で交涉が進められました（2023 年 12 月現在）。

エストニア総選挙

2023 年 3 月に実施された、バルト 3 国のエストニアの一院制議会の総選挙は、カラス首相率いる中道右派の与党「改革党」が圧勝。EU 懐疑派のポピュリズム政党、「保守人民党」が第 2 党へと躍進、中道左派の中道党は第 3 党に後退しました。前回選挙で当選し、今回の選挙にも立候補していた「中道党」の大相撲元大関把瑠都のカイド・ホーベルソン氏は落選しました。

「改革党」は単独過半数には達しませんでしたが、ウクライナに侵攻するロシアに対して強硬姿勢を貫いてきたこともあり、ウクライナへの武器供与により自国の防衛力が弱体化したと批判する第2党の「保守人民党」との連立は否定。4 月に中道右派「改革党」と、リベラル政党の「エストニア 200」、中道左派「社会民主党（SDE）」の3党の連立によるリベラル政権が発足しました。

なお、エストニアは人口の 4 分の 1 をロシア系が占めていますが、エストニアのウクライナへの軍事支援は GDP 比で 1% に達していました。

ラトビア総選挙

2022 年 10 月の総選挙を経て、カリンシュ氏率いる中道右派の「新統一」は連立政権を発足。しかし、連立を組む他の2党に内閣改造を拒否され、新たな連立政権発足を目指しましたが難航し、2023 年 8 月にカリンシュ首相は辞任を表明。9 月に、カリンシュ氏が率いる中道右派政党「新統一」に所属する福祉相のエビカ・シリニャ氏が連立政権首相に選ばれました。シリニャ氏の就任で、バルト３国の首相はすべて女性となりました。カリンシュ元首相は新たに外相に就任しています。

ミニ試験問題にチャレンジ　間違っているのはどっち？

1 2023 年 7 月に行われたスペインの総選挙は、中道右派の野党「国民党」が第 1 党の座を確保、フェイホー党首が首相に就任した。

2 2023 年 11 月に行われたオランダ下院総選挙では、移民・難民受け入れ反対を唱えた極右「自由党」が支持を伸ばして勝利した。

答え：1　連立交渉に失敗、サンチェス首相が続投した。

国際
最近のヨーロッパ情勢

ここが出る！
EUの移民・難民を規制する制度

東京都：★★★
特別区：★★★

ロシアによるウクライナ侵攻に揺れた各国

2023年は、前年に引き続き、ロシアによるウクライナ侵攻がヨーロッパ各国に多大な影響を及ぼした年といえるでしょう。

❶ EU（欧州連合）	2023年6月、EUの欧州委員会は、新たな経済安全保障戦略を発表。中国を念頭に、域内企業の先端技術の流出を規制する方策を盛り込んだ。中国との貿易は重視するが、企業の技術の軍事転用やサプライチェーン（供給網）を依存するリスクを減らすとし、中国との関係を「デカップリング（分断）ではなくデリスキング（リスク低減）」と規定。ビジネスや気候変動、金融の安定化、感染症対策などでは中国と組みつつ、経済安全保障の観点からは対抗するとした。また、EUは通信網の安全性の確保にも取り組むとした。 12月、EUは移民・難民対策の新しい制度で大筋合意。欧州に大量に流入する不法移民を中心に、国境での入国手続きを厳格化、問題がある場合は強制送還する権限も強める方針を示した。正式承認ののちに2024年にも発効する予定である。
❷イギリス	2023年2月、イギリスとEUは、EU離脱後の難題となっていた英領北アイルランドの国境管理問題を解決するため、従来の複雑な物流手続きの簡略化で合意。イギリスにEU側が大幅に譲歩したことになる。イギリス本島から輸送して北アイルランド内にとどまる物品は税関手続きなどが撤廃され、北アイルランドの物資不足や自治政府の機能不全解消が期待される。 5月、チャールズ国王の戴冠式がウェストミンスター寺院でエリザベス女王の時以来、70年ぶりに行われた。日本からは秋篠宮ご夫妻が参列され、アメリカからはバイデン大統領の夫人、ジル氏が参列した。
❸フランス	2023年3月、マクロン政権による受給年齢の引き上げを軸とする年金改革案への反発から大規模ストライキが発生。全土で産業横断のストライキが実施されて公共交通が止まったほか、原子力発電所の発電量も低下するなどの影響が出た。

❹ドイツ	2023年1月、ウクライナに対してドイツ製の戦車「レオパルト2」を供与すると発表。第1段階としてドイツ軍から14両を供与し、ヨーロッパ各国が保有する「レオパルト2」についても、ウクライナに供与することを認める方針を示した。 10月、ドイツのドル換算での名目GDP（国内総生産）が2023年に日本を上回って3位に上昇する見通しであることが国際通貨基金（IMF）の予測で判明（日本は4位）。円安やドイツの高インフレによる影響も大きいが、長期的な日本経済の低迷も反映しているとした。
❺イタリア	2023年9月、イタリアのメローニ首相は中国の李強首相と会談し、中国の巨大経済圏構想「一帯一路」から離脱する方針を伝えた。イタリアは、2019年にG7で唯一、中国と一帯一路に関する覚書を交わしたが、政府は一帯一路が期待した成果をもたらさなかったと発表。
❻ロシア	2023年2月、年次教書演説でプーチン大統領はアメリカとの核軍縮条約「新START」の履行を一時的に停止することを表明。また、ロシアの核戦力を誇示して、ウクライナへの軍事支援を強化するアメリカなどを強くけん制した。 6月、ロシアの民間軍事会社ワグネルが武装反乱を宣言。創設者プリゴジン氏は部隊とともにロシア国内への進攻を開始した。プーチン大統領は武装反乱について政権転覆をねらった「裏切り」であると表明。ベラルーシのルカシェンコ大統領が仲介役となり、反乱部隊はモスクワへの進攻を停止させた。10月、プリゴジン氏の乗ったヘリコプターが墜落、死亡が確認された。 9月、中国の習近平国家主席とロシアのプーチン大統領が北京で会談し、経済や貿易、安全保障での結束を確認、蜜月関係を強調した。プーチン大統領は「台湾は中国の領土の不可分の一部だ」と習国家主席に伝えた。

ミニ試験問題にチャレンジ

間違っているのはどっち？

1 EUが発表した新たな経済安全保障戦略で、中国との関係を「デリスキング（リスク低減）ではなくデカップリング（分断）」と規定した。

2 イタリアのメローニ首相は、中国の李強首相と会談し、中国の巨大経済圏構想「一帯一路」から離脱する方針を伝えた。

答え：1 「デカップリング（分断）ではなくデリスキング（リスク低減）」と規定。

最頻出
45

国際
最近のアジア情勢

ここが出る！
韓国が核兵器保有を示唆

出題予想
東京都：★★★
特別区：★★★

主なアジア各国の動き

アジアおよびオセアニアの 2023 年の動きを見ていきます。

❶韓国	2023 年 1 月、韓国の尹大統領は国防・外務省から年頭の業務報告を受けた際、「北朝鮮の核問題がさらに深刻になった場合は大韓民国が戦術核を配備するとか、独自の核兵器を保有することもありうる」と述べた。世論調査では 76%が「韓国の核武装」に賛成していることもわかっている。 4 月、尹大統領とバイデン米大統領は米ホワイトハウスで会談し、アメリカの戦力で韓国の防衛に関与する「拡大抑止」の強化を盛り込んだ「ワシントン宣言」で合意。有事の際に「米韓核協議グループ」を通じ、韓国が情報を詳細に理解し、発言できる体制を整えるほか、弾道ミサイル搭載可能な原子力潜水艦を韓国に派遣することなどを盛り込んだ。 同月、訪米中の尹大統領は米議会上下両院合同会議で演説。米韓同盟強化と日米韓の安全保障協力にもとづき、核・ミサイル開発を続ける北朝鮮の脅威を抑止する必要性を強調した。
❷タイ	2023 年 5 月、下院総選挙で、変化を求める幅広い世代から支持を集めた民主派政党の「前進党」が予想を覆して、第 1 党に躍進。9 年前の軍事クーデター以降、軍に近い政権が続いてきたタイであったが、この選挙により大きな転機を迎えた。 8 月、連立協議が進まず政治空白が続いてきたタイの議会で次の首相を決める投票が行われ、9 年前の軍事クーデターで政権を追われたタクシン元首相派の「タイ貢献党」が擁立したセター氏を首相に選出、「民主化のシンボル」として支持を集めた。
❸カンボジア	カンボジアの下院（国民議会）で、フン・セン前首相の長男で前陸軍司令官のフン・マネット氏が首相に就任。38 年以上に及んだフン・セン体制が幕を閉じ、新政権の誕生となった。ただし、フン・セン前首相は与党「人民党」の党首を続行し、フン・セン氏の影響力は強く残ると考えられている。フン・マネット氏はフン・セン氏と同様、中国を重視する姿勢を表明している。

❹インド	2023年6月、インドのモディ首相はアメリカに国賓として招かれ、バイデン米大統領と会談。首脳会談では、米ゼネラル・エレクトリック（GE）が戦闘機向けのエンジンをインド側と共同生産することでも合意した。米印は中国の台頭に対する懸念を共有しており、経済・軍事面で連携を深めるねらいがある。 9月、下院や州議会の議席の3分の1を女性に割り当てる法案が成立。インドではかつて初の女性首相としてインディラ・ガンジー氏が強力な政治権力を握ったが、下院議員の女性割合は15%程度にとどまっていた。
❺ニュージーランド	2023年10月に総選挙が行われ、最大野党の「国民党」が第1党へと躍進、6年ぶりの政権交代となった。右派の少数政党との連立協議が難航したが合意に至り、首相には「国民党」党首のクリストファー・ラクソン氏が就任した。
❻フィリピン	2023年1月、マルコス大統領が中国に訪問し、228億ドル（約3兆円）の投資を誘致したと発表。再生可能エネルギーに関する投資が半分以上を占めており、主要な貿易相手国である中国との経済関係を強調した。
❼ミャンマー	2023年8月、ミャンマー軍事政権は公約していた総選挙を延期することを発表。軍事政権はクーデターで全権を掌握したのち、2023年8月までに選挙を実施すると公約していたが、民主派勢力などとの戦闘発生を理由に延期し、非常事態宣言もさらに6カ月延長するとした。
❽パキスタン	2023年8月、パキスタンの下院が解散し、内閣は総辞職した。総選挙は区割りの見直しに時間を要するとし、先延ばしになると発表。カカール暫定首相が、新内閣発足までの暫定内閣を率いることが決定した。暫定内閣は、前政権の政策との一貫性継続を重視することを表明している。

ミニ試験問題にチャレンジ

1 2023年4月に米韓首脳会談が行われ、アメリカの戦力で韓国の防衛に関与する「拡大抑止」強化を盛り込んだ「ワシントン宣言」で合意した。

2 2023年5月、タイの下院総選挙で、変化を求める幅広い世代から支持を集めた民主派政党の「前進党」が第1党に躍進し、政権を樹立した。

答え：2　連立協議が進まず、政権は樹立できなかった。

国際
最近のアフリカ・中東情勢

ここが出る！
サウジとイランが国交を回復

東京都：★★★
特別区：★★★

主なアフリカ・中東各国の動き

2023年のアフリカ・中東に目を移すと、イスラエルのガザに対する地上戦など、中東全域を巻き込んでの紛争に発展する懸念が高まりつつあります。

❶エジプト	2023年10月、イスラエルとイスラム組織ハマスの衝突をめぐり、エジプトは「カイロ平和サミット」を開催。中東や欧州の首脳・外相、国連のグテレス事務総長らが出席し、日本からは上川外相が出席した。エジプトのシシ大統領は、ガザへの人道支援を確立し、すぐに停戦交渉に入ることを強調。イスラエルとパレスチナの「2国家共存」に向けた協議も訴えた。エジプトはイスラエル、ハマス双方とパイプを持ち、過去の交戦でも仲介役を務めてきたという経緯がある。 12月、中東の民主化運動「アラブの春」のあと、4度目となるエジプトの大統領選挙を実施。現職のシシ大統領の対抗馬として有力視された候補が出馬を辞退したこともあり、強権的な統治体制を固めてきた軍出身のシシ大統領の3選を決めた。
❷スーダン	2023年4月、スーダン軍と準軍事組織「即応支援部隊（RSF）」の間で戦闘が開始された。スーダンでは2021年にクーデターで軍が統治の実権を握り、民政移管に向けて協議が進められていたがRSFと国軍が対立。アメリカやサウジアラビアが調停に入り停戦に至るも、以降も首都ハルツームを中心に衝突が続いた。同月、スーダンにいた日本人65人は周辺国のジブチに退避し、48人が政府の用意したチャーター機で帰国した。
❸トルコ	2023年5月、トルコ大統領選の決選投票が行われ、現職のエルドアン大統領が当選。20年にわたりトルコを率いたエルドアン氏の政権がさらに5年間続くこととなった。エルドアン氏の得票率が52%、野党の統一候補、クルチダルオール氏が48%だった。トルコ大統領選で決選投票が行われたのは初めて。エルドアン氏は高成長を実現したとされるが、選挙の争点は「エルドアン政権か否か」だった。

❹イスラエル	2022年12月、ネタニヤフ元首相による新政権が樹立。1年半ぶりに首相に復帰したネタニヤフ氏の連立政権には極右・宗教政党が加わり、史上最も右寄りの政権になった。ネタニヤフ氏はヨルダン川西岸でユダヤ人入植地を拡大する方針を表明。 2023年7月、ネタニヤフ政権で裁判所の力を弱める「司法制度改革」関連法が成立。市民の抗議デモは激化し、アメリカなど国際社会から懸念の声もあがったが、強行して成立させた。 9月、アメリカを仲介役として、イスラエルとサウジアラビアの国交正常化に向けた動きが進展。ネタニヤフ首相は国連総会で演説し、「歴史的な合意」に意欲を示した。しかし、10月に開始されたイスラエルのガザ攻撃により、サウジとの関係正常化に向けた交渉は中断された。
❺イラン	2023年10月、イランは7年にわたり断交してきたスーダンとの外交関係の正常化を決定したと発表。スーダンは、中東のイエメン内戦をめぐってサウジアラビアと協力し、イランとの関係が冷却化。2016年、イランで群衆がサウジの大使館を襲撃したことから、サウジがイランとの断交を発表し、スーダンも同調してイランと断交したという経緯がある。
❻サウジアラビア	2023年3月、7年前に国交を断絶し、周辺国も巻き込んで激しく対立してきたサウジアラビアとイランが国交を回復させることで合意。対立が長期化して、双方にとって重い負担となっていたこと、また近年、経済力を背景に中東諸国に接近していた中国が仲裁役として間に入ったことで、国交正常化のきっかけとなった。 8月、サウジとウクライナの主催でサウジ西部ジッダで和平協議を開催。欧米やインドなどの「グローバルサウス」、中国を含む40カ国以上が参加し、国家の主権と領土の不可侵を尊重する姿勢を示した協議の成果を強調した。

ミニ試験問題にチャレンジ

間違っているのはどっち？

1 2023年7月、ネタニヤフ政権は裁判所の力を弱める「司法制度改革」関連法を、アメリカの支持のもと成立させ、市民の抗議デモが激化した。

2 2023年3月、7年前に国交を断絶し、周辺国も巻き込んで激しく対立してきたサウジアラビアとイランが国交を回復させることで合意した。

答え：1　アメリカおよび国際社会は懸念の声をあげた。

国際
最近の北中南米情勢

ここが出る！
アルゼンチンで右派政権誕生

東京都：★★★
特別区：★★★

主な北中南米の動き

1999年にベネズエラで反米、社会主義路線を掲げたチャベス大統領が登場し、以降、中南米の多くの国は反米・左派政権へと変わりましたが、近年は右派政権も台頭しつつあります。

❶ブラジル	2023年1月、ブラジルで左派のルラ氏が大統領に就任。右派のボルソナロ政権からの交代で、2016年8月以来、約6年半ぶりに左派政権が誕生した。ルラ氏は2003年から2期8年大統領を務め、今回が通算3期目。外交政策では欧米と積極的に対話しつつも一定の距離を保ち、新興国との連携を重視していく方針。内政では貧困対策に力点を置き、インフレなどで高まる社会不安の抑制を掲げる。 同月、ボルソナロ氏が僅差で敗れた2022年10月の大統領選挙は無効だと訴えていた支持者たち、約4000人がデモに参加。連邦議会や大統領府、最高裁判所の施設の一部を破壊、占拠する事態となったが、数時間後には軍や警察により沈静化された。ボルソナロ氏は選挙後も電子投票システムに障害があったとして投票の一部は無効だと訴えるなど、敗北を明確には受け入れておらず、ボルソナロ氏の支持者たちはブラジル各地の軍の施設の前で繰り返しデモを行っていた。
❷グアテマラ	2023年8月、台湾と外交関係のある中央アメリカのグアテマラで大統領選挙が行われ、決選投票の結果、中国とも友好的な関係を築くべきだと主張していた中道左派「種の運動党」のアレバロ氏が勝利した。また、政界からの汚職の一掃や治安の回復をアピールし、台湾との外交関係を続けながら、中国との経済関係を強化する方針も示している。
❸キューバ	2023年3月、社会主義国キューバで人民権力全国議会（国会）の議員選が行われ、ディアスカネル大統領を含む候補者470人全員が当選し、ディアスカネル大統領が再選。キューバ革命後に生まれた初の大統領が2期目に入ることになる。

❹メキシコ	2023年10月、バイデン大統領はメキシコとの国境に最長20マイルの「国境の壁」を設けると発表。寛容な移民政策を掲げていたバイデン政権だったが、想定を超えて不法越境が広がっていることからの措置になる。この判断に対してメキシコのロペスオブラドール大統領は「問題の解決にならない」と不満を訴えた。
❺アルゼンチン	2023年11月、アルゼンチンで大統領選の決選投票が行われ、野党で右派のハビエル・ミレイ下院議員が勝利。自由至上主義者（リバタリアン）のミレイ氏は、小さな政府を主張。歳出の大幅削減や省庁の統廃合を訴え、年率140%を上回る高インフレの経済状況に対して、経済のドル化や中央銀行の廃止といった過激な抜本改革を訴えていた。一方、対抗馬の反米左派の与党連合から出馬したセルヒオ・マサ経済相は、現政権の路線継続を主張していた。
❻パラグアイ	2023年5月、南米で唯一、台湾と外交関係のあるパラグアイの大統領選挙が行われ、右派で与党の元財務相サンティアゴ・ペニャ氏が勝利。選挙では台湾との外交関係を維持するかどうかが争点で、中道の野党連合のエフライン・アレグレ氏は農産物の輸出拡大のため、台湾と外交関係を断絶して中国と国交を結ぶことを表明していた。与党候補の勝利で、台湾との関係は維持されることが決定した。
❼カナダ	2023年6月、インド生まれでカナダ国籍を持つシーク教指導者ハーディープ・シン・ニジャール氏がカナダ西部にある寺院の外で殺害される事件が発生。同氏はシーク教徒による独立国家「カリスタン」の建国運動を推進しており、カナダのトルドー首相は殺害にインド政府が関与していたと国会で発言した。情報は、米英など5カ国で機密情報を共有する枠組み「ファイブアイズ」を通じたものであると伝えられている。カナダはインド人外交官の国外追放を決定。インド政府は対抗措置としてインド駐在のカナダ外交官の国外退去を命じ、カナダ国民向けのビザ申請手続きを無期限で停止した。

ミニ試験問題にチャレンジ

間違っているのはどっち？

1 2023年1月、ブラジルで左派のルラ氏が大統領に就任、欧米と対話しつつも一定の距離を保ち、新興国との連携を重視していく方針を打ち出した。

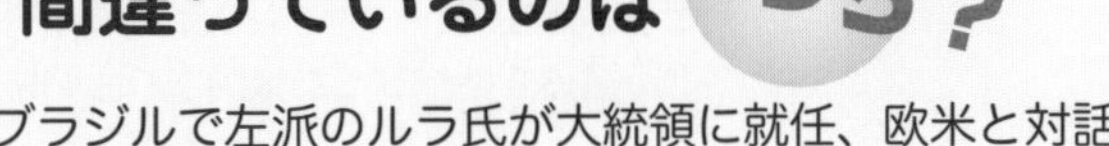

2 2023年11月、アルゼンチンで大統領選の決選投票が行われ、野党で右派のハビエル・ミレイ下院議員が勝利、現政権の路線継続を主張した。

答え：2　過激な抜本改革を訴えた。

国際
その他の国際関係

ここが出る！
上海協力機構にイランが正式加盟

東京都：★★★
特別区：★★★

国際的なその他のできごと

2023 年の国際的に重要な出来事について以下にまとめます。

❶東方経済フォーラム	2023 年 9 月、極東ウラジオストクで東方経済フォーラムを開催。プーチン氏が主導するこの会議には、これまで外国の首脳級が出席していたが、今回はプーチン大統領以外で首脳の参加はゼロとなった。ロシアのウクライナ侵攻を受け、外国首脳は参加を見合わせたとされている。プーチン大統領の演説では、2014 年から 2022 年にかけての極東地域における投資の伸びは、全国と比べて 3 倍の伸びとなったことなどに触れ、極東地域の潜在力についてアピールした。
❷上海協力機構	2023 年 7 月、第 23 回上海協力機構（SCO）首脳会議が、インドを議長国として開催され、イランが 9 カ国目のメンバーとして同機構に正式加盟した。イランは 2005 年からオブザーバーとして参加しており、イランの加盟で、中国、ロシア、カザフスタン、インド、パキスタンらの 9 カ国体制になった。会議では、分離主義、過激主義、テロリズム等の治安問題への対処、デジタル・トランスフォーメーション分野での協力にかかる「ニューデリー宣言」が採択された。
❸アフリカ気候サミット	2023 年 9 月、アフリカ気候サミットがケニアで初めて開催され、アフリカ 20 カ国の首脳が参加。干ばつなど悪化する災害にどう対応するか、再生可能エネルギーを導入するための資金をどう調達するかなどが議論され、閉幕時には世界的な炭素税の導入などを盛り込んだ「ナイロビ宣言」を採択した。
❹米中首脳会談	2023 年 11 月、バイデン米大統領と中国の習国家主席は、米サンフランシスコで 1 年ぶりに首脳会談を行った。会談では、前年 11 月以降行われていない国防相会談を再開させることや、米中の軍の司令官どうしが軍事演習や軍の展開について対話を行うことで合意。台湾をめぐってバイデン大統領は台湾周辺での中国の軍事的な行動を考え直す必要があると指摘したが、習主席と議論が交わることはなかった。

時事解説編

重要度別テーマ 時事対策

東京都と特別区で最頻出の４大テーマ以外の時事テーマを、重要度Ａ（出題される可能性が非常に高い）、重要度Ｂ（出題される可能性が高い）、重要度Ｃ（出題される可能性がある）の３つに分けて掲載しています。

政治
経済
社会
文化
その他

重要度 A

49

政治
第 2 次岸田再改造内閣

ここが出る！
「変化を力にする内閣」と命名

出題予想
東京都： ★★★
特別区： ★★★

党内の派閥を意識した新内閣

2023 年 9 月、岸田首相は 19 閣僚のうち 13 人を交代させ、第二次岸田再改造内閣を発足させました。初入閣は閣僚ポストの半数以上となる 11 人で、女性閣僚は前回の 2 人から、過去最多に並ぶ 5 人が抜擢されました。党内の派閥に配慮しつつ、女性の積極登用と刷新感をアピールし、支持率が低迷する政権の浮揚をはかるねらいです。ただし、副大臣 26 人と政務官 28 人の人事は、すべて男性議員で女性議員はゼロとなりました。2001 年に副大臣・政務官が導入されてから女性が任用されなかったのは初めてのことです。

◎「コストカット経済」からの脱却

岸田総理大臣は、今回の内閣を「変化を力にする内閣」と称し、経済、社会や国際情勢の急速な変化を前に、岸田政権の取り組みはまだ道半ばだという認識を示し、政策の第 1 の柱に経済を挙げました。具体的には長年続いてきたコストカット経済から脱却し、賃上げや人への投資の促進など、転換を促進していくとしています。

総裁選に向けての組閣

党人事では、自民党役員のうち、麻生太郎副総裁と茂木敏充幹事長、萩生田光一政調会長、高木毅国会対策委員長は続投となりました。森山裕選挙対策委員長は総務会長に変わり、選対委員長には過去に政治資金問題で閣僚を辞任した小渕優子組織運動本部長が抜擢されました。

麻生氏は麻生派の会長、茂木氏は茂木派の会長、萩生田氏は最大派閥の安倍派の有力者であり、自身の岸田派より大きい 3 派に配慮することで、2024 年秋に行われる自民党総裁選挙に向けて政権を安定させるのがねらいです。

◎ベテラン組の入閣も

政権運営の要となる松野博一官房長官や鈴木俊一財務相は留任しました。西村康稔経済産業相や河野太郎デジタル相、高市早苗経済安全保障担当相も続投。公明党の斉藤鉄夫国土交通相も留任となりました。

初入閣組には、各派閥の「入閣待機組」が多数登用されました。当選回数を重ねたベテランも名を連ねましたが、前回の改造内閣では「政治とカネ」の問題などで４人の閣僚が相次いで更迭され、うち３人が初入閣組だったという苦い経験もあり、慎重な人選にもなっています。総務相の鈴木淳司氏、文部科学相の盛山正仁氏、農林水産相の宮下一郎氏、環境相の伊藤信太郎氏、復興相の土屋品子氏、こども政策担当相の加藤鮎子氏、地方創生担当相の自見英子氏ら 11 人が初入閣しています。ベテラン組を初入閣させたこともあり、閣僚の平均年齢は上昇。発足時で計算すると、首相を含めた 20 人の平均年齢は 63.5 歳と、前回の 62.7 歳から上がっています。

岸田政権の閣僚人事

※＝のちに辞任・更迭　赤色は初入閣

「**内閣改造**」…内閣総理大臣が内閣総理大臣指名選挙直後の組閣を除く時期に、国務大臣（閣僚）の相当数を一度に替えること。内閣改造によって成立した新内閣を改造内閣という。与党役員人事と連動して行われ、国会閉会中に行われることが多い。

間違っているのはどっち？

1 第二次岸田再改造内閣では、初入閣は閣僚ポストの半数以上となる 11 人で、女性閣僚は前回の２人から、過去最多に並ぶ５人が抜擢された。

2 若手を初入閣させたことで、首相を含めた発足時の 20 人の閣僚の平均年齢は 63.5 歳と前回から下がっている。

答え：2　初入閣にベテラン組も含まれ、前回より閣僚の平均年齢は上がっている。

重要度A

50

政治
岸田政権の経済対策

ここが出る！
目玉は４万円の定額減税

出題予想 東京都：★★★ 特別区：★★★

賃上げや国内投資の促進策を盛り込んだ総合経済対策

2023年11月、岸田政権は、賃上げや国内投資の促進策を盛り込んだ総合経済対策を発表。対策の規模として、国と地方自治体、民間投資をあわせた事業規模は37.4兆円程度、経済対策の裏付けとなる補正予算は13.1兆円であり減税とあわせて17兆円台前半になるとしています。

◎経済対策の５つの柱

岸田首相は、2024年夏の段階で賃上げと所得減税を合わせることで、所得の伸びが物価上昇を上回る状態を確実につくると強調。労働者の賃金を引き上げた企業が受けられる税優遇や補助金を拡充するとしました。

対策は、①物価高から国民生活を守る、②持続的な賃上げ、所得向上と地方の成長実現、③国内投資の促進、④人口減少を乗り越える、⑤国民の安全・安心の確保、という５つの柱で構成するとしています。

目玉は定額減税と給付金

新たな経済対策の目玉は、「税収増を還元する」として打ち出した１人あたり４万円の定額減税です。４万円の内訳は１人あたり所得税３万円と住民税１万円となり、実際に税金が差し引かれるのは2024年６月になります。2022年度までの２年間で所得税・住民税で国の収入が3.5兆円増えた分の還元と位置づけるとしています。減税の恩恵が受けられない住民税の課税対象になっていない世帯には、１世帯あたり７万円を給付するとし、３月に決めた物価高対策の３万円の給付とあわせ、計10万円分の負担軽減につなげるとしています。

◎国民の可処分所得を拡大するねらい

今回の定額減税では、対象が個人と世帯で異なるため世帯の人数によって金額は変わることになります。減税は納税者本人に加えて配偶者や扶養親族も対象となるため、納税者が家族３人を扶養している４人世帯の場合は計16万円の減税になります。一方、住民税非課税世帯ならば４人世帯だったとしても支援の合計は10万円と、減税額よりも少なくなります。

所得減税のねらいについて首相は「デフレ脱却ができるかどうかの瀬戸際だからこそ、あらゆる政策を総動員し国民の可処分所得を拡大する」と説明しました。

ガソリン価格への補助や電気・ガス料金の措置の延長

供給力の強化策として、半導体や蓄電池などの戦略物資の国内投資を促す減税措置を設けることも盛り込み、農地や森林など開発に制限がある土地にも工場を立地できるよう規制を緩和します。また、ガソリンの価格上昇を抑える補助や電気・ガス料金を差し引く措置は2024年4月末まで延長。電気・ガスへの対策は2024年5月には激変緩和の幅を縮小するとしています。経済対策の財源には、当初予算で計上した新型コロナウイルスや物価高騰、ロシアによるウクライナ侵攻にともなう対応への予備費を半減して活用するとしています。

ガソリン価格、電気・ガス対策のポイント

❶レギュラーガソリン	全国平均の小売価格が1リットルあたり185円を超える部分は全額を補助。168円から185円までの部分は、その60%を補助することで、実際の小売価格の平均を175円程度の水準に抑える。
❷電気	負担軽減策を2024年4月末まで延長。電気料金は、1キロワットアワーあたり家庭向けでは3.5円、企業向けでは1.8円を補助。
❸ガス	負担軽減策を2024年4月末まで延長。都市ガスについては、家庭や年間契約量の少ない企業を対象に1立方メートルあたり15円を補助。

少子化対策を推進するため、子ども・子育て関連の政策も経済対策に明記。児童手当の拡充や、就労していなくても子どもを保育所などに預けられる「こども誰でも通園制度」、低所得家庭の高校受験等にかかる受験料支援などが挙げられている。

ミニ試験問題にチャレンジ　間違っているのはどっち？

1 経済対策の規模は、国と地方自治体、民間投資をあわせた事業規模が37.4兆円程度、補正予算と減税分が17兆円台前半である。

2 新たな経済対策の目玉は、所得税1万円と住民税3万円の、1人あたり合計4万円の定額減税である。

答え：2　所得税3万円と住民税1万円が正しい。

重要度A

51 政治 2023年骨太の方針

ここが出る！
防衛力を5年以内に抜本的に強化

出題予想
東京都： ★★★
特別区： ★★★

賃上げ拡大に向けた環境整備を盛り込む

2023年6月、政府は「経済財政運営と改革の基本方針（骨太の方針）」を公表しました。目玉となる方針として、賃上げ拡大に向けた環境整備を図ることや、少子化の傾向を反転させるため、子ども・子育て政策を抜本的に強化することなどが盛り込まれています。

重点的な政策としては、労働市場の改革が打ち出されています。岸田政権が掲げる「成長と分配」や「賃金と物価の好循環」の実現の鍵を握るのは賃上げであり、成長産業へ労働移動を促すことが構造的な賃上げにつながるとして、労働市場改革の推進を打ち出しています。

◎労働移動を活発化させて賃上げを実現

具体的には、自己都合で離職した人でもリスキリング（学び直し）に取り組んでいれば、会社の都合で辞めた場合と同じように失業給付を受け取れるようにするというものです。また、勤続20年を超えると退職金への課税が大幅に軽減される現在の税制を見直すとしています。これらの取り組みで、労働移動を活発化させて、構造的な賃上げを実現するとしています。

さらに「分厚い中間層」をつくるため、中小企業でも賃金を引き上げられる環境整備をはかるとし、赤字の企業などに対して賃上げを促すため、税制も含めてさらなる施策を検討するとしています。

「こども未来戦略方針」にもとづく政策

子ども・子育て政策では、「こども未来戦略方針」にもとづいて、児童手当の拡充や出産の経済的負担の軽減などに取り組み、国民に追加の負担を求めることなく少子化の傾向を反転させるとしています。

教育分野では、学校の教員不足解消のため、給与体系の改善を行うほか、2024年度から3年間を「集中改革期間」と位置づけ、小学校高学年の教科担任制の強化などを進めるとしています。

基礎的財政収支黒字化の明記は見送り

財政については、経済が正常化する中、歳出構造を平時に戻していくとしつつも、財政の健全性を示す指標の１つである「基礎的財政収支」について、2025年度に黒字化するとした従来の目標は「従来の経済・財政一体改革を着実に推進」と表現するにとどめ、積極財政派への配慮から２年続けて明記を見送っています。

また、防衛費の増額の実施時期について「2025年以降のしかるべき時期とすることも可能となるよう、税金以外の収入なども踏まえ、柔軟に判断していく」という表現を加えています。

◎ 2023年骨太の方針のポイント

❶経済成長	デジタルやグリーンなどの分野で的を絞った公的支出を行って、民間投資を拡大させ、経済成長の持続につなげる。
❷最低賃金	全国平均の時給1000円を達成することを含めて審議会で議論するとともに、達成後の最低賃金の引き上げ方針についても議論を進める。
❸モデル就業規則改正	自己都合退職の場合の退職金の減額といった労働慣行の見直しに向けて「モデル就業規則」を改正。
❹子ども政策	政府の子ども政策予算を一元管理する特別会計の「こども金庫」を創設。

食料安全保障の強化も方針に盛り込んでいる。ロシアによるウクライナ侵攻や気候変動、世界的な人口増加などで食料安定供給のリスクが顕在化したこともあり、輸入依存度が高い食料や肥料などの国産化を進めるとしている。

ミニ試験問題に

間違っているのはどっち？

1 2023年の骨太の方針には、成長産業へ労働移動を促すことが構造的な賃上げにつながるとして、労働市場改革の推進を打ち出している。

2 財政については、経済が正常化しつつあるが、歳出構造を平時に戻すには時期尚早であるとしている。

答え：2　歳出構造を平時に戻していくと明記。

政治
女性版骨太の方針 2023

ここが出る！
女性の役員比率を30年までに30%以上に

東京都：★★★
特別区：★★★

女性役員比率を国際的なレベルに近づける方針

2023年6月、「女性版骨太の方針2023（女性活躍・男女共同参画の重点方針）」が発表されました。今回の方針では、東京証券取引所の最上位の「プライム市場」に上場する企業において、女性役員の割合の目標と期限を定め、国際レベルに近づけることを目指すことを目玉としています。

◎女性役員の登用を義務づける「クオータ制」

OECDの調査の結果、日本は欧米と比べて女性役員の比率が低いことが明らかになっています。欧米では、一定の割合で女性役員の登用を義務づける「クオータ制」を採用する国や州があり、女性役員の比率はフランスの45.2%を筆頭に、イタリアやイギリスなどでも40%を超え、OECD各国の平均は29.6%となっいます。対して日本の女性役員の比率は15.5%にすぎません。

2030年までに女性の比率を30%以上に

こういった事態を改善すべく、女性版骨太の方針では、「プライム市場」に上場する企業の役員について、2025年をめどに女性を1人以上選ぶよう努め、2030年までに女性の比率を30%以上にすることを目指すとしています(2025年に19%という中間目標ものちに発表)。いずれも努力義務で罰則は設けませんが、実効性を担保するため、東京証券取引所に対して規定を設けるよう促すとしています。

◎女性起業家の比率を高める

さらに、優良なスタートアップ企業に占める女性起業家の比率を高めることも方針に明記しています。経済産業省が中心となって2023年5月時点に選定した238社(「Jスタートアップ」と呼ばれる新興企業が対象)の女性起業家比率は、8.8%にすぎませんでした。

これを改善するため、女性版骨太の方針では2033年までに20%以上とする目標も掲げています。

男女間の賃金格差の情報開示義務の対象拡大

女性の給与面では、現状は 301 人以上を常時、雇用する企業に義務づけている男女間の賃金格差の情報開示を、101 人以上の企業にまで対象を広げられないか検討するとしています。さらに、男性が確実に育児休業を取得できるよう制度を強化することや、子どもが 2 歳未満の間は時短勤務でも手取りが変わらないようにする給付のしくみの創設にも触れられています。

また、「年収の壁」をめぐり、年収が 106 万円を超えても扶養の対象から外れて社会保険料などの負担が生じ、手取りが減るのを防ぐ制度の見直しに取り組むことにも言及。配偶者などからの暴力や性犯罪・性暴力、職場でのハラスメントの防止対策を強化することも盛り込んでいます。

女性役員のいない企業数・割合

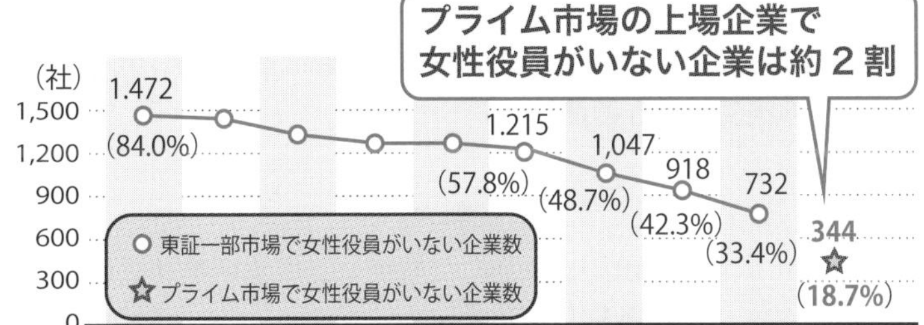

※2022年より東証一部市場は2022年4月よりプライム市場に再編されている。

日本では女性の正規雇用比率が 20 代後半に下がる「L 字カーブ」が長く問題になってきたが、女性の働く意欲を維持するには所得の向上が不可欠である点にも女性版骨太の方針で触れている。

間違っているのはどっち？

1 女性版骨太の方針では、「プライム市場」に上場する企業の役員について、2030 年をめどに女性を 1 人以上選ぶよう努めることが明記された。

2 「年収の壁」をめぐり、年収が 106 万円を超えても扶養の対象から外れて、手取りが減るのを防ぐ制度の見直しに取り組むことを盛り込んでいる。

答え：1　2025 年をめどに女性を 1 人以上選ぶよう努めることを明記。

重要度A

53

政治
令和6年度税制改正大綱

ここが出る！
子育て世帯を支援する税制

出題予想　東京都：★★★　特別区：★★★

減税を前面に出しているのが特色

令和6年度の税制改正大綱が、2023年12月に決定されました。税制改正大綱は、経済･国際情勢の変化に合わせて、日本の税金のあり方から課税対象、個々の税率変更などについてまとめた方針です。今回の税制改正大綱は「減税」を前面に打ち出したのが大きな特色です。個人向けに加え、企業向けにも減税を盛り込み、賃上げや国内投資を促してデフレ脱却につなげるのがねらいです。

◎政府の推進する経済対策を後押し

大綱の目玉となる定額減税は、政府が11月に発表した経済対策の一つである1人あたり4万円の減税です。富裕層は対象とすべきではないとして、年収2000万円を超える人を対象から外す所得制限を設けています。

企業向けでは、賃上げを後押しするため、前年度から7%以上の賃上げをした企業に増額分の25%を法人税から控除する仕組みを新設。法人税のない中小企業向けに黒字になった決算期まで控除額を持ち越せるようにします（5年間が持ち越しの上限）。また、女性活躍や子育て支援に熱心な企業へ、5%の法人税控除を行う枠も新設しています。

子育て世帯に有利な税制改正

子育て世帯に対する支援として、所得にかかわらず児童手当の対象を18歳までの高校生などに拡大する方針も盛り込まれました。一方、所得税の控除額を年間38万円から25万円に、住民税の控除額を年間33万円から12万円に引き下げる案をもとに2024年の議論で結論を出すとしています。控除の縮小にともなう税負担分は、年間12万円以上という児童手当を下回り、実質的に子育て世帯の手取りが増える設計になっています。

◎若い世帯の住宅取得を税制面で支援

住宅ローン減税についても、子育て世帯に有利な改正が行われました。年末の住宅ローンの残高に応じて所得税や住民税が減税される住宅ローン減税ですが、2024年の入居分から減税の対象となる借入額の上限が引き下げられます。省エネや耐震性にすぐれた「長期優良住宅」であれば、現在の5000万円から2024年以降は4500万円になります。

その点、こどものいる世帯や夫婦のどちらかが39歳以下の世帯については上限の引き下げを見送り、現在の水準を維持することによって住宅取得を税制面から支援します。さらに、こどもの転落防止用の柵や、防音性が高い床への交換など、住宅の改修にかかった費用の10%を所得税から差し引く住宅リフォーム税制も、子育て世帯向けに拡充されています。

◎令和6年度税制改正大綱の主なポイント

❶加熱式たばこの税率	防衛費の財源確保のため、たばこ税については1本あたり3円程度の増税が予定される方針。
❷生命保険料控除	生命保険の支払額の一部を所得税の課税対象から差し引く「生命保険料控除」について、遺族保障の枠の上限額を従来の4万円から6万円に拡大。
❸ひとり親控除	年間の課税所得が500万円までのひとり親を対象に、所得税の課税対象から35万円を差し引く「ひとり親控除」について、所得の制限を1000万円までに引き上げ、控除額を38万円にまで拡大。
❹戦略分野国内生産促進税制	半導体や新たな航空燃料「SAF」などの5分野に対して、生産・販売量に応じた金額を法人税の納税額から差し引ける制度を新設。減税期間は、計画の認定を受けてから10年間。

防衛力強化に必要な財源として、法人税、所得税、たばこ税の3つの税目で増税が示されており、今回の税制改正で増税の開始時期を決めるかどうかが焦点だったが見送られた。これによって増税の開始時期は2026年以降となる予定。

ミニ試験問題にチャレンジ　間違っているのはどっち？

1　賃上げを後押しするため、前年度から7%以上の賃上げをした企業に増額分の25%を法人税から控除する仕組みを新たに設けた。

2　所得税の控除額を年間25万円に、住民税の控除額を年間12万円に引き上げる案をもとに2024年の議論で結論を出すとしている。

答え：2　所得税、住民税の控除額を引き下げる案をもとに2024年に結論を出すとしている。

重要度A　重要度B　重要度C

重要度A

54

政治 規制改革推進会議の答申

ここが出る！
看護師が担える業務の実質拡大

東京都：★★★
特別区：★★★

5つの重点分野について答申

2023年6月、首相の諮問機関である規制改革推進会議は政府に答申を提出しました。規制改革推進会議の答申の役割は、省庁や関連団体の利害を超えて、利用者目線の改革実現を求めることにあります。

2023年の答申では「医療・介護・感染症対策」を中心に「スタートアップ・イノベーション」「人への投資」「地域産業活性化」「行政手続き（共通課題対策）」の5つを重点分野に掲げています。

急務である医療・介護分野の対応

医療・介護分野の人材不足が深刻になる中、医師不在時に看護師が担える業務の実質拡大が盛り込まれました。医療・介護分野の対応は急務であり、医療福祉人材は2040年に1070万人が必要になるとの試算を国が発表しています。しかし、この分野への労働参加が順調であっても974万人にすぎず、96万人足りないことが判明しています。

◎医師行為を看護師らが担うタスクシェア

逼迫した医療等の状況を改善するため、答申は医師業務の一部を看護師らが担うタスクシェアを提案、医師の不在時に投薬など看護師ができる行為を2023年度中に明確にすることを求めています。医師から看護師への指示には、患者の病状変化を予測して一定範囲の行為を認める「包括的指示」がありますが、包括的指示でどの程度まで看護師が医療行為をできるかは不明確でした。この点を明確にすることで、医療人材不足をカバーするのが目的です。

医療の現場でのデジタル技術導入の推進

生産性向上のため、医療の現場でのデジタル技術導入にも触れています。オンライン診療の実施場所について現在は原則、診療所や自宅などに限っていますが、2023年度中に例外的に離島などでは行われている公民館などでの実施を都市部でもできるよう求めています。

ただし、訪問看護師の不在時に薬剤師が患者の点滴を交換できるようにする改革など、医療・介護関連の3割強の項目は結論を先送りしています。

マイナンバーカードのシステムに一元化

子育て支援では、乳幼児健診など自治体が独自に実施する医療助成について、受給資格情報をマイナンバーカードのシステムに一元化するよう提案しています。居住地ではない自治体で健診を受ける場合、従来だと妊婦が一時的に費用を立て替えることになるケースが出てきますが、受給資格情報をマイナンバーカードのシステムに一元化することによって、立て替え払いが原則不要になるとしています。

答申に盛り込まれた主な内容

❶スタートアップ・新産業	AIを使った契約書審査サービスの推進。 無人航空機の安全基準緩和。
❷人への投資	日本在留を認める「特定技能」の対象拡大。 技術革新へ大学設置基準の特例活用。
❸地域の活性化	国産小麦の競争力を高める検査適正化。 水産資源を管理しやすくする法律運用の改善。
❹その他	子育てに絡む中小企業の申請負担軽減。

規制改革推進会議は、経済社会の構造改革を進めるうえで必要な規制について、総合的に調査審議する内閣総理大臣の諮問機関で、常設の機関として令和元年に設置された。

間違っているのはどっち？

1 答申では、2023年度中に医師の包括的指示でどの程度まで看護師が医療行為をできるか明確にするよう求めている。

2 現在、オンライン診療はあらゆる場所でできないが、2023年度中に離島などに限りできるようにすることを答申で求めている。

答え：2　離島で行われている公民館などでのオンライン診療を都市部でもできるよう求めている。

重要度A

55

政治
主な首脳会談

ここが出る！
軍事費の大幅増額をバイデン大統領に約束

出題予想
東京都：★★★
特別区：★★★

2023年の首脳会談

2023年に岸田首相が、各国の首脳と個別に行った会談です。アメリカ、韓国の大統領を始め、活発に対談が行われました。

❶日米首脳会談（1月）	2023年1月、米ホワイトハウスで会談が行われ、岸田首相は敵基地攻撃能力（反撃能力）の保有や防衛費の大幅増を決めたことを説明。バイデン氏は全面的な支持を表明した。共同声明では日本の取り組みについて「インド太平洋及び国際社会全体の安全保障を強化し、21世紀に向けて日米関係を現代化する」と評価した。日米同盟についてバイデン大統領が「核を含むあらゆる能力を用いた、日米安保条約5条の下での、日本の防衛に対するアメリカの揺るぎないコミットメント」を改めて表明。5条が沖縄県・尖閣諸島に適用されることも確認した。首相がワシントンを訪問するのは首相就任以降初めて。
❷日米首脳会談（5月）	2023年5月、岸田首相はG7広島サミットに出席するため訪日中のバイデン米大統領と会談を実施。安全保障、経済、教育などあらゆる分野で、両国は重層的な協力関係にあり、日米同盟がかつてなく強固であることを確認した。イノベーション分野での緊密な連携の重要性についても一致。日米安全保障協力については1月の日米首脳会談の成果を踏まえ、日米同盟の一層の強化に向けた協力の継続をあらためて確認した。
❸日米首脳会談（8月）	8月、岸田総理大臣は、訪問先のアメリカでバイデン大統領と会談し、安全保障環境が厳しさを増す中、日米同盟の抑止力と対処力を強化するため、北朝鮮や中国などが開発を進める「極超音速ミサイル」など探知しにくい兵器を迎撃できる新型ミサイルの共同開発を始めることで合意。さらに中国をめぐる対応では緊密に連携していくことで一致したほか、共通の課題では中国とも協力していく重要性も確認した。岸田首相は、福島第一原発にたまる処理水を薄めて海に放出する計画に、アメリカが支持と理解を表明していることに謝意を伝えた。

❹日米韓首脳会談	8月、岸田首相、バイデン米大統領、尹韓国大統領らはワシントン郊外のキャンプデービッドで首脳会談を実施。共同声明で、日米韓が協力する領域を大幅に広げることを強調した。3カ国は北朝鮮への対応が枠組みの役割だったが、それを越えた地域でも協力を拡大すると記し、中国が覇権的な行動を強める水域も対象であると強調。いずれかの国に影響が及んだ場合に対応を調整するホットラインの設置も盛り込まれた。経済安全保障でも足並みをそろえるとし、担当閣僚の協議を年1回以上することを決めた。
❺日中首脳会談	2023年11月、訪米中の岸田首相は中国の習国家主席と会談し、日中両首脳は両国の「戦略的互恵関係」を再確認。日中両首脳の会談は前年に訪問先のタイで行われて以来、1年ぶり。首相は中国側の日本産水産物の全面禁輸措置の即時撤廃を求め、中国当局に逮捕された邦人の早期解放なども主張した。
❻日印首脳会談	2023年3月、インドを訪れた岸田首相はインドのモディ首相と会談。法の支配に基づく国際秩序を堅持していくことを確認した。G7広島サミットでは、「グローバル・サウス」との関係強化という視点で国際社会が直面する課題について取り上げる意向を岸田首相は表明し、モディ首相を同サミットに招待した。9月、岸田首相は訪問先のインドでモディ首相と会談。ロシアによるウクライナ侵略や中国の威圧的行動を念頭に連携を確認し、宇宙など先端技術分野で協力する方針でも一致した。
❼日独首脳会談	2023年3月、岸田首相は来日したドイツのショルツ首相と会談し、厳しい対ロシア制裁と強力なウクライナ支援の継続の重要性を確認。中国の海洋進出などを念頭に置いた「自由で開かれたインド太平洋」実現に向けた協力強化でも一致。半導体など先端技術の供給網強化を含む経済安全保障での連携も申し合わせた。また、財務や外務、防衛など6閣僚ずつを交えた「日独政府間協議」も初めて実施した。

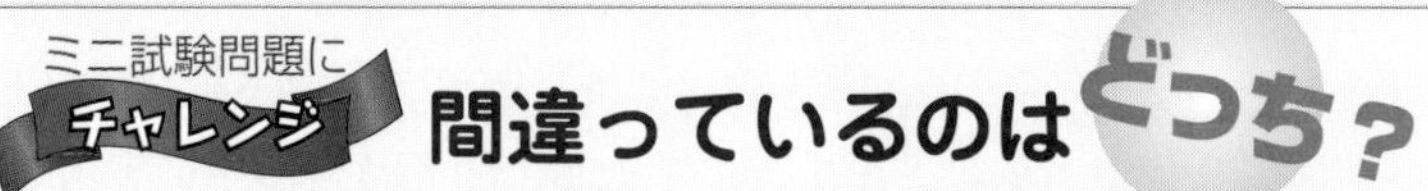

1 2023年1月の日米首脳会談で、岸田首相は敵基地攻撃能力（反撃能力）の保有や防衛費の大幅増を決めたことを説明した。

2 2023年11月の日中首脳会談では、訪米中の岸田首相は中国の習国家主席と会談し、両国関係の「戦略的互恵関係」を見直すとした。

答え：2　日中両首脳は「戦略的互恵関係」を再確認した。

重要度 A

56

政治 こども未来戦略方針

ここが出る！
財源は当面こども特例公債で充填

出題予想
東京都：★★★
特別区：★★★

政府の掲げる異次元の少子化対策

2023 年 6 月、少子化対策強化に向けた「異次元の少子化対策」として、政府は児童手当や育児休業給付の拡充などを盛り込んだ「こども未来戦略方針」を閣議決定しました。こども未来戦略方針には 3 つの理念があり、若い世代の所得を増やすこと、社会全体の構造・意識を変えること、すべてのこども・子育て世帯を切れ目なく支援することを柱として、抜本的な政策内容を強化するとしています。

◎年間 3 兆円台半ばの予算を確保

方針では、2024 年度から 3 年間を集中的に取り組む「加速化プラン」の対象として年間 3 兆円台半ばの予算を確保し、少子化対策に取り組むとしています。財源は、当面のところ国債の一種である「こども特例公債」で不足分を穴埋めするとし、2028 年度までには歳出削減に加え、社会保険を活用して徴収する「支援金制度」を設けることも盛り込んでいます。

政策の目玉は児童手当の拡充

具体的な少子化対策の目玉としては、児童手当の拡充が挙げられます。所得制限を撤廃したうえで対象を従来の中学生から高校生までへと拡大し、3 歳未満は 1 人あたり月額 1 万 5000 円、3 歳から高校生までは 1 万円を支給するほか、第 3 子以降は年齢にかかわらず 3 万円に増やすとし、2024 年度中に実施できるよう検討するとしています。

仕事と育児を両立する労働者の心身の健康を守るため、選択的週休 3 日制度の普及も新たに盛り込んでいます。選択的週休 3 日制度の普及に取り組むことを加え、事業主に配慮を促す仕組みを検討するとしています。

また、出産費用の保険適用を含めた支援強化も検討しつつ、両親とも育休を取得した場合、最長 4 週間は手取りの収入が変わらないよう、育児休業給付の給付率の引き上げを目指すことも方針に盛り込んでいます。

◎こども誰でも通園制度の導入

保護者が就労していなくても、子どもを保育所などに預けられる「こども誰でも通園制度」の、2024年度以降の本格導入を目指すことも明記。また、公教育の充実策として、1人1台の端末を配備する「GIGAスクール構想」の次の展開や、次代にふさわしい教育の保障、優れた教師の確保も明記しています。

返済不要の給付型奨学金などの対象拡大

高等教育にかかる費用負担の軽減策としては、授業料の減免や返済不要の給付型奨学金の対象を拡大することにも触れ、2024年度から理系の大学生や実家が多子世帯の学生などは、世帯年収が600万円程度までの中間層に広げるとしています。

◎多子世帯への大学無償化

2023年12月には、高等教育にかかる費用負担の軽減策の追加の対策が発表され、3人以上の子どもがいる多子世帯について、2025年度から大学の授業料や入学金を所得制限を設けず「無償化」する方針を政府は示しました。支援の上限は、国公立大学の場合、授業料約54万円、入学金約28万円で、私立大学の場合、授業料約70万円、入学金約26万円です。ただし、扶養の子どもが3人以上いることが条件のため、3人きょうだいで、第1子が社会人となり扶養から外れると、その段階で第2子と第3子は支援対象外になる予定です。

2023年12月には、大学院生が卒業後、一定の年収を超えてから返済をスタートさせる奨学金制度も発表。返済開始は年収が300万円に達してからとし、本人に子供ができた場合は人数に応じて、返済開始の年収目安を引き上げるとしている。

ミニ試験問題にチャレンジ　**間違っているのはどっち？**

1 少子化対策の財源には、2024年度から歳出削減に加え、社会保険を活用して徴収する「支援金制度」を設けることも盛り込んでいる。

2 少子化対策の目玉としては、児童手当の拡充が挙げられ、所得制限を撤廃したうえで、対象を従来の中学性から高校生までへと拡大している。

答え：1　2024～25年度は「こども特例公債」で不足分を穴埋めするとしている。

政治
防衛費増額

ここが出る！
防衛費増額で反撃能力の整備

東京都：★★★
特別区：★★★

5年間の防衛費総額は約43兆円

2022年12月、政府は2023年度から5年間の中期防衛力整備計画の防衛費総額を約43兆円とする方針を発表しました。政府はこれまで「中期防衛力整備計画」のもとで5年ごとに防衛費の目安について定めていますが、43兆円はこれまでの防衛費の1.5倍にあたります。

防衛省は長射程ミサイルの開発・取得や弾薬の確保、老朽化した自衛隊施設の改修費用などを積み上げた結果として、約48兆円を要求していました。一方、財務省は30兆円台前半に抑えたい意向を主張。結果として総額約43兆円が双方の落としどころとなり、相手のミサイル発射拠点をたたく反撃能力の整備などにあてられることになります。

◎5年後は現在のGDP比2%

また、2022年度当初予算の防衛費は約5.4兆円でしたが、5年後の2027年度には防衛費と安全保障関連の経費を合わせ、GDP比2%の11兆円規模に引き上げるとしています。

2027年度以降は年間1兆円程度が不足

防衛費の増額にともなう財源としては、政府は歳出改革、決算剰余金の活用、国有資産の売却などによる税金以外の収入を活用した「防衛力強化資金」を一般会計に新設することで対応すると説明しています。

それでも不足する年間1兆円程度は、増税でまかなう考えも表明。令和5年度税制改正大綱では、2027年度に向けて複数年かけて段階的に増税を実施するとし、法人税、所得税、たばこ税の増税が盛り込まれました。

2023年6月の防衛財源確保法の成立で、1.5兆円を特別会計の剰余金などから特例的に防衛費増額に活用できるようにした。また、財政投融資特別会計や外国為替資金特別会計からも一般会計に繰り入れられるよう規定している。

政治
統一地方選

ここが出る！
大阪ダブル選は維新の会が勝利

東京都：★★★
特別区：★★★

女性当選者が過去最多

４年ごとに行われる統一地方選が 2023 年４月に行われ、９日実施の前半戦では道府県と政令指定都市の首長・議会議員選挙が行われました。道府県議選では、女性当選者数が 316 人の 14.0%となり、過去最多を更新。党の獲得議席の割合では、自民党が 51.0%と最も多く、続いて立憲民主党が 8.2%、公明党が 7.5%、大阪維新の会を含む日本維新の会が 5.5%でした。

前半戦の９つの知事選では現職６人、新人３人が当選。注目の大阪府知事・大阪市長の「ダブル選」は、大阪府知事選は大阪維新の会代表で現職の吉村洋文氏が再選し、大阪市長選も大阪維新の会が擁立した横山英幸氏が初当選しています。大阪維新の会は、奈良県知事選でも日本維新の会公認候補が当選。大阪以外で初めて維新公認知事が誕生することとなりました。

知事選で唯一、国政の与野党が全面的に対決する構図となった北海道は、自民、公明両党が推薦する現職の鈴木直道氏が再選しています。

深刻な有権者の選挙離れ

４月 23 日に行われた後半戦では、市区町村の首長と議会議員選挙、衆議院と参議院の５つの補欠選挙が行われました。このうち衆参５つの補欠選挙は、自民党が衆議院の３議席、それに参議院の１つの議席を獲得。残りの衆議院の１議席は日本維新の会が議席を獲得しています。

無投票の市を除く市長選は平均 47.73% と過去２番目に投票率が低く、有権者の選挙離れは依然として深刻なことが明らかになっています。

地方公共団体の長と議会の議員の選挙を、全国的に期日を統一して行う選挙が統一地方選挙。選挙への意識を全国的に高める目的で行われ、過去には 100%だった統一率（統一地方選挙で実施される選挙の割合）は、2023 年は 27.54% まで下がっている。

重要度A

59

政治
防衛3文書

ここが出る！
反撃能力の保有

出題予想
東京都：★★★
特別区：★★★

ミサイル発射拠点をたたく反撃能力の保有

2022年12月、「国家安全保障戦略」「国家防衛戦略」「防衛力整備計画」の防衛3文書を閣議決定しました。外交・防衛の基本方針となる安保戦略を2013年の策定以来初めて改定。相手のミサイル発射拠点をたたく「反撃能力」を保有し、防衛費を国内総生産（GDP）比で2%に倍増する方針を打ち出しています。

◎自衛隊と米軍との一体運用

安保戦略は日本の環境を「戦後最も厳しい」と位置づけました。日本は、ミサイル発射を繰り返す北朝鮮や中国の軍事的な脅威にさらされており「最悪の事態も見据えた備えを盤石にする」と文書に明記しました。

アメリカは国際秩序を乱す動きに同盟国と一丸で対処する「統合抑止」を掲げており、米軍と協力して反撃も可能な「統合防空ミサイル防衛（IAMD)」に移行するなど、自衛隊は今まで以上に米軍との一体運用が求められることになります。

反撃能力の行使は必要最小限度の自衛措置

3文書改定の柱は反撃能力の保有です。これまで「敵基地への攻撃手段を保持しない」と説明してきた政府方針を大きく転換。岸田首相は「抑止力となる反撃能力は今後不可欠となる」と強調しています。

ただし、反撃能力の行使は「必要最小限度の自衛措置」と定め、対象はミサイル基地など「軍事目標」に限定するとしています。反撃能力のため、国産ミサイルの射程を伸ばし、さらにアメリカ製の巡航ミサイル「トマホーク」も購入するとし、2023年2月に400発を購入することを明らかにしました。

3文書には陸海空の自衛隊と米軍との調整を担う「常設統合司令部」の創設を盛り込んだ。中国を意識し、有事の際に組織的戦闘が継続可能な能力「継戦能力」の強化も提起。そのため、防衛装備品の部品や弾薬などの調達費を現行予算から2倍に増加する。

政治
自民党パーティー券問題

ここが出る！
安倍派の閣僚を一気に交代

東京都：★★★
特別区：★★★

政治資金規正法に違反への疑惑

2023 年 11 月、2021 年までの 4 年間にあわせて約 4000 万円分の政治資金パーティーの収入を、自民党の 5 つの派閥が政治資金収支報告書に適切に記載していなかったとして大学教授が告発状を提出。各派閥は訂正を行うなど対応に追われる事態となりました。

政治資金を集めるために行われる政治資金パーティーで、同じ人や団体から 20 万円超の支払いを受けた場合は、収支報告書への記載が政治資金規正法で定められていますが、適切に記載されていないケースが相次いで発覚。さらに、各議員が集めたパーティー券の収入が割り当てられたノルマを超えると、派閥側から議員にキックバック（報奨金）があり、一部は政治資金収支報告書に記載せず裏金にしていた疑いが安倍派等で明らかになりました。東京地検特捜部による議員秘書や議員本人への聴取や強制捜査も行われ、報告書への不記載を議員側がどのように把握していたのか調査が行われました。

安倍派を内閣から一掃

この問題は沈静化することなく、12 月に岸田総理大臣は安倍派の 4 人の閣僚と 5 人の副大臣などを一気に交代させる人事を行いました。新しく入閣したのは、いずれも安倍派以外の閣僚経験者で、官房長官に岸田派の林芳正・前外務大臣、経済産業大臣に無派閥の齋藤健·前法務大臣、総務大臣に麻生派の松本剛明·前総務大臣、農林水産大臣に森山派の坂本哲志・元地方創生担当大臣が就任しました。岸田首相は、閣僚経験者を登用した今回の体制について、即戦力となる人選を行ったと言及。さらに、安倍派の党幹部 3 人も交代させています。

パーティー券は 1 枚 2 万円程度が相場といわれ、1 回のパーティーで 1 億円以上を集めるケースもある。パーティー券を売って集めた金額から会場代などの経費を差し引いた額が政治活動費になる。

重要度 A

61

政治 宇宙安全保障構想

ここが出る！
連合宇宙運用センター参加を目指す

出題予想
東京都： ★★★
特別区： ★★★

宇宙利用拡大に向けた今後 10 年の指針

2023 年 6 月、宇宙空間の安全保障政策の初めての指針となる「宇宙安全保障構想」が決定しました。この構想は、2022 年 12 月に策定した国家安全保障戦略に基づいて策定されたもので、防衛目的の宇宙利用拡大に向けた今後 10 年の指針となるもの。宇宙空間での脅威が急速に拡大していることを背景に、ミサイル防衛での情報収集態勢の強化や、衛星を安全に利用するための環境整備などを盛り込んでいます。

◎宇宙空間での脅威が急速に拡大

基本方針として、安全保障のための宇宙利用の抜本的拡大や、安全かつ安定的な利用の確保、そして安全保障と宇宙産業発展の好循環実現の 3 つが柱。中国やロシアを念頭に宇宙空間での脅威が急速に拡大しているとして、アメリカやイギリスなどが軍事衛星や商業衛星に対する妨害を監視する「連合宇宙運用センター」への参加を目指すことを盛り込んでいます。

JAXA との連携を強化

構想には、北朝鮮の弾道ミサイルを念頭に探知・追跡などの技術開発をアメリカと連携して進めるとし、衛星画像の分析精度を高めるため人工知能（AI）を活用すると記しています。防衛省や自衛隊が他国の指揮統制・情報通信などを妨げる能力を保持することも盛り込み、安全保障の観点から宇宙利用の国際的なルール作りを主導することも掲げています。また、民間技術の活用を推進する一環で、防衛省と宇宙航空研究開発機構（JAXA）の連携強化の方針も示し、JAXA の専門技術を安全保障目的でも使えるようにするとしています。

「国家安全保障戦略」…2022 年 12 月、2013 年制定の国家安全保障戦略を廃止し、新たに制定された国家安全保障に関する基本方針。防衛 3 文書の一つで、国家安全保障に関する最上位の政策文書。

62 政治
在留資格拡大

ここが出る！
特定技能の対象業種を拡大

東京都：★★★
特別区：★★★

特定技能２号を11分野に大幅に拡大

2023年5月、熟練技能を持つ外国人の在留資格「特定技能２号」について、農業や飲食料品製造業など９業種を増やし、あわせて11分野に拡大する方針を閣議決定しました。世界的に人材獲得競争が激しくなる中、経済界などからの要望を受けての変更になります。

◎業種拡大で有資格者を増加させるねらい

熟練した技能を持つ外国人に与えられる「特定技能２号」の在留資格は、在留期間の更新に上限がなく、事実上、無期限に日本に滞在できるほか、配偶者などの帯同も認められています。

一方、12業種が対象となる特定技能１号の場合は、在留期間が通算５年までで、家族の帯同はできません。「特定技能２号」は従来、「建設」と「造船関連」の２分野の業種に限られており、１号の資格者が15万人を超えるのに対して２号の資格者は11人にとどまっていました。

事実上の移民政策につながるとの懸念も

「特定技能２号」の拡大をめぐっては、自民党内の一部から事実上の移民政策につながると慎重論も出ていましたが、国内における人材不足を理由に了承されたという経緯があります。今回の見直しについては、外国人政策の大きな転換点となるともいわれています。すでに、技能実習と特定技能を合わせると50万人近い外国人が日本に来日しており、今後、技能実習を入り口に実務経験や試験を経て特定技能１号、２号へとステップアップする形で、幅広い分野で外国人の永住が促進されることも想定されています。

UP プラス情報

2023年11月、政府は外国人技能実習制度の見直しを発表。原則認められていなかった働き先を変える「転籍」について、同じ企業で1年以上働いたうえで、一定の日本語能力などがあれば認める「育成就労制度」の創設を表明している。

政治
新 ODA 大綱

ここが出る！
国連の求める GNI 比 0.7% を目指す

東京都：★★★
特別区：★★★

ODA 予算の増額の方向性を盛り込む

2023 年 6 月、政府は政府開発援助（ODA）の指針となる新たな「開発協力大綱」を閣議決定、大綱の改定は約 8 年ぶりになります。新大綱は、国際社会の分断により途上国がエネルギー・食料危機やインフレなど複合的な危機に直面していると指摘。自由で開かれた秩序の下で繁栄した国際社会を構築することは国益に直結すると強調しました。

ODA 予算については「さまざまな形で拡充する」と初めて増額の方向性を示し、相手国の要請に応じた従来型の支援に加え、日本から提案する「オファー型協力」の強化も明記。資機材提供などハード面と人材育成を含めたソフト面での協力を組み合わせるとしています。

なお、ODA 予算は 1997 年度の 1 兆 1000 億円超をピークに、近年は 5000 億円台で推移していました。国連は国民総所得（GNI）比で 0.7%の ODA 予算確保を各国に求めていますが、日本は 0.3%台であるということが今回の拡充の理由です。有識者懇談会による報告書は達成年限の設定を求めましたが、厳しい財政状況を踏まえて新大綱への年限の記述は見送られています。

相手国の債務の持続可能性に十分配慮

大綱では、途上国を対等なパートナーと位置付け、サプライチェーン（供給網）の強化や重要鉱物資源の持続可能な開発を推進すると明記しています。返済能力を超える過剰な貸し付けを続ける中国の「債務のわな」を念頭に、「透明かつ公正なルールにもとづいた協力」の重要性にも触れ、相手国の債務の持続可能性に十分配慮するとの原則を追加しています。

「債務のわな」…2 国間の融資で国際援助を受けた国が、債権国から政策や外交などで圧力を受けること。債務の返済に行き詰まった国が、債権国に融資を受けて建設したインフラの権益を渡したり、軍事的な協力を求められたりするようなケースがある。

64

政治
インボイス制度

ここが出る！
仕入れ税額控除の利用に不可欠

出題予想　東京都：★★★　特別区：★★★

免税事業者は課税事業者に転換するか選択

2023年10月、事業者に対する新たな消費税の制度「インボイス制度」がスタートしました。インボイスは「適格請求書等保存方式」の通称で、登録した事業者には取引先に適用税率や消費税額を伝えるために登録番号が発行されます。この制度導入後、事業者は交付された登録番号を請求書や納品書に記載する必要があります。

ただし、年間売上高が1000万円以下で消費税の納税を免除されてきた免税事業者は、そのまま免税事業者でいるか、インボイスを発行できるようになるために課税事業者に転換するかが任意で選べます。

◎「仕入れ税額控除」時に必要なインボイス

インボイスが発行される課税事業者になれば、仕入れ時に支払った消費税額を納税時の納税額から差し引く「仕入れ税額控除」ができます。免税事業者は460万いるとされ、国は160万が登録を検討する必要があるとしています。

インボイスを発行していない場合のデメリット

たとえば小売業者が問屋から商品を仕入れ、それを消費者に販売する場合であれば、小売業者は商品を売った消費者から受け取った消費税を納めることになりますが、問屋からの仕入れ時に支払った消費税は差し引くことができます。消費税を二重三重に払うのを防ぐためであり、この仕組みが「仕入れ税額控除」です。インボイス制度の導入以降は、課税事業者としてインボイスを発行していないと、年間売上高が1000万円以上で消費税を納める必要がある場合であっても、仕入れ時にかかった消費税額を差し引けないことになります。

免税事業者がインボイス登録のために課税事業者に転換した場合は、2026年9月まで消費税の納税額を販売時に受け取った消費税の2割にできる「2割特例」を設けている。

重要度 B
65

政治 コロナ５類へ移行

ここが出る！
国は行動制限を求められなくなる

出題予想
東京都：★★★
特別区：★★★

コロナ対策の大きな転機

2023 年 5 月、新型コロナの感染症法上の位置づけについて、国は外出自粛の要請や入院勧告などの厳しい措置をとることができる「2 類相当」としてきましたが、季節性インフルエンザと同じ「5 類」に移行しました。新型コロナの「5類」移行にあわせて、政府の対策本部や感染対策の「基本的対処方針」も廃止され、約 3 年続いた国のコロナ対策は大きな転機を迎えました。5 類移行後は、国は国民に対して行動制限を求めることができなくなり、感染対策は個人の判断に委ねられることになります。

また、無料にしてきた医療費の窓口負担分については、検査や外来診療の費用などが自己負担になります。各自治体の検査キット配布事業も終了し、民間検査所で行われていた PCR 検査も有料となります。

全数把握から定点把握へ

5 類移行にともない流行状況の把握については、医療機関などが毎日すべての感染者数を報告する「全数把握」から、指定された医療機関が 1 週間分の感染者数をまとめて報告する「定点把握」に変更されます。

感染後の自粛期間については、発症の翌日から 5 日間は外出を控えるほか、5 日目に症状が続いている場合には、症状が軽くなってから 24 時間程度は外出を控えることが推奨されるという目安を示しています。

5 類移行後、国は幅広い医療機関で受診できる体制を目指しており、新たに患者の受け入れを始める医療機関では、院内での感染を防ぎながら、ほかの病気の患者の診療と両立していくことになります。

2023 年 5 月、世界保健機関（WHO）のテドロス事務局長はコロナの緊急事態宣言終了を発表。ただし宣言の中で、国民に新型コロナは心配ないというメッセージを送ってはいけない、とも強調した。

重要度 B

66

政治 デジタル行財政改革会議

ここが出る！
ライドシェア導入の是非を議論

出題予想
東京都：★★★
特別区：★★★

優先的に取り組む７分野

2023 年 10 月、行政のデジタル化や規制緩和を一手に議論する「デジタル行財政改革会議」の初会合が開催されました。議長を首相とするこの会議は、有識者を招いて人口減や少子高齢化社会に対応するため、デジタル技術で国と地方の行政サービスの効率化や財政の健全化につなげる方法を議論します。

優先して取り組む項目として、教育、交通、介護、子育て・児童福祉、防災、インバウンド（訪日外国人客）・観光、スタートアップ（起業）の７分野を挙げ、デジタル田園都市国家構想、規制改革、行政改革などを束ねる司令塔として、国・地方を通じて強力にデジタル行財政改革を推進するとしています。

自治体間でのデジタル教育環境の差を解消

教育分野では、自治体間で差があるデジタル教育環境の解消をめざし、教員不足や長時間勤務といった問題の解決にもつなげるとしています。介護分野では、人材不足に対応するため、ロボットの活用などを通じて人員配置の見直しを進め、介護サービスの質向上につなげるとしています。

◎注目が集まるライドシェアの議論

交通分野では、一般ドライバーが自家用車で客を有料で運ぶ「ライドシェア」導入の是非などを議論するとしています。ライドシェアに注目が集まっているのは、特に観光地や都市部でタクシードライバー不足が深刻なためですが、これまでライドシェアについては抵抗勢力の反発が強く、政府の議論が進んでこなかったこともあり、今後の議論の行方が注目されます。

改革を進める環境整備として、国と地方自治体の情報システムの共通化を加速させ、共同で利用するクラウドサービスの共通基盤「ガバメントクラウド」について、2025 年度末までの移行を目指すとしている。

重要度A 重要度B 重要度C

重要度B

67

経済
日本の経済情勢

ここが出る！
2022年度の成長率は1,4%

東京都：★★★
特別区：★★★

2022年度の実質GDP成長率

2022年度の日本経済は、コロナ禍にともなう世界経済の収縮や物流の停滞などにより、物価水準が高騰しはじめたのが特徴です。さらに、ロシアによるウクライナ侵攻に端を発したエネルギーや食料などの価格高騰、また円安・ドル高にともなう輸入物価の高騰といった要因による、コストプッシュ型インフレが進みました。この結果、2022年度の消費者物価指数は、前年度比3.0%の上昇となり、41年ぶりの高水準を記録。日銀が目指していた年率2%のインフレが賃金上昇をともなわない「悪いインフレ」として実現しています。

こうした急速なインフレが、コロナ後をにらんで上向きつつあった景気を抑制することとなり、2022年度の実質GDP成長率は、前年度比1.2ポイント減の1.4%にまで下落しています。

国の予算案は前年比減の約112兆円

国の2024年度予算案が2023年12月に閣議決定し、一般会計総額は112兆717億円となりました。当初の予算案としては12年ぶりの減額予算であり、コロナ禍から平時に移す財政理念を進めた形になっています。

歳出のうち、社会保障費や公共事業費、防衛費などは、前年度の当初比7.5%減の67兆2764億円としました。予算の3分の1を占める社会保障費は37兆7193億円と前年度より8506億円増加。診療報酬の薬価の引き下げなどによる効率化で伸びを1400億円程度抑えたものの、高齢化による給付の増加に加えて、少子化対策の強化や医療従事者の賃上げなどで大幅な増加となりました。将来の防衛力強化にあてる資金を除いた防衛費も7兆9172億円と1兆1292億円上回っています。

国債費の増加も著しいです。これまで発行した国債の償還や利払いにあてる国債費は、長期金利の上昇を反映して1兆7587億円多い27兆90億円と、国債費としては過去最大となっています。

一方、物価・賃上げ促進などを想定した、有事の備えと位置付ける予備費は、コロナ対策などとして増額されていた前年度当初の5兆円から1兆円に縮減、一般会計減額に寄与しています。

◎国債の新規発行は3年連続で減少

歳入では、税収を前年度の見通しとほぼ同額の69兆6080億円と見込み、税外収入を加えても不足する分は新たに国債を発行してまかなう計画で、新規国債発行は34兆9490億円となり3年連続の減額となります。とはいえ、財源の3割以上を国債に頼る厳しい財政状況は続くことになり、依然として歳出規模そのものは大きく、公債依存度は31.2%と前年度から改善していない現状も浮き彫りになっています。

国際収支統計では貿易収支の黒字が大幅に減少

国際収支統計は、一定期間における国のすべての対外的な経済取引を体系的に記録したもので、財貨やサービスの取引を計上した2022年の経常収支は前年比46.4%減となる11兆5466億円にまで黒字幅が縮小しました。

主な要因は貿易・サービス収支であり、2022年は前年の2兆4834億円の赤字から21兆1638億円の赤字へと赤字幅が大幅に拡大しています。粗油や液化天然ガスなどの輸入増に起因した貿易収支黒字の縮小と、コロナ禍で訪日外国人旅行者数の減少にともなうサービス収支赤字の拡大が大きく影響したと考えられています。

政府は、政策に必要な費用を借金に頼らず、税収でどれだけまかなえているかを示す「基礎的財政収支」を財政健全化の指標に位置付け、2025年度に黒字化する目標を掲げている。2024年度一般会計予算では、この基礎的財政収支が8兆3163億円の赤字となり、達成が難しい状況が続く。

間違っているのはどっち？

1 急速なインフレもあり、2022年度の実質GDP成長率は、前年度比1.2ポイント増の1.4%にまで上昇している。

2 2024年度一般会計の予算案における新規国債発行は、34兆9490億円で、3年連続の減額となった。

答え：1　前年度比1.2ポイント減の1.4%にまで下落した。

重要度A
重要度B
重要度C

68 経済
日銀の金融政策

ここが出る！
学者出身の上田氏が総裁に就任

東京都：★★★
特別区：★★★

金融政策の手段は公開市場操作と支払準備率操作

中央銀行である日本銀行（日銀）は、金融市場を通じて市場に流れる資金の量や、金利に影響をおよぼし、通貨および金融の調整を行います。これが金融政策で、国民経済の基盤となる物価を安定させることが目的です。

◎中央銀行の基本的な金融政策は2つ

金融政策の手段には、中央銀行が銀行などの金融機関に対して債券（国債など）や手形を売買することで、貨幣の供給量（マネーサプライ）に影響を与える公開市場操作と、支払準備率操作などがあります。公開市場操作(オペレーション)は、短期金融市場の資金量を調節することで、短期金利を目標へと誘導するものです。

◎ 中央銀行（日本銀行）による2つのオペレーション

❶買いオペレーション（買いオペ）	中央銀行が債券などの有価証券を買い入れること。中央銀行は、有価証券の購入代金を金融機関に支払うため、その分マネーサプライ（貨幣の供給）が増える。
❷売りオペレーション（売りオペ）	中央銀行が金融機関に有価証券を売却すること。金融機関は有価証券の購入代金を中央銀行に支払うため、その分のマネーサプライが減少する。

2％のインフレ目標を設定

2013年に日銀総裁に就任した黒田東彦（はるひこ）氏は、市中に出回るお金を増やす強力な金融政策を実施、物価を前の年と比べて2%上げるインフレ目標を設定しました。さらに「質的・量的金融緩和」も導入して、日銀が供給する通貨量を2年で2倍に増やすなど大胆な緩和策がとられました。

2016年には史上初のマイナス金利を導入し、銀行が金利負担を避けるため企業や家計の貸し出しに回すことを促進。コロナ禍の2020年には、企業へ融資する金融機関に金利ゼロで資金を供給する制度も導入しました。

◎過去最大の為替介入を 24 年ぶりに実施

2021 年には、金融機関の気候変動対応の投融資を促す新制度を発表。目玉は、脱炭素につながる設備投資をする企業への融資や、環境債の購入を対象に金融機関に対して金利ゼロの長期資金を供給するというものでした。2022 年 10 月の金融政策決定会合では、金融緩和の継続を強調。欧米は金融引き締めに動いており、日米の金利差の拡大などを背景に円安が急速に進行。円相場が 1 ドル 151 円 90 銭台と 32 年ぶりの安値を更新したことを受けて、円買い・ドル売りの為替介入を 24 年ぶりに実施しました。

新総裁の金融政策の方針

2023 年 4 月、日銀の新総裁として植田和男氏が就任し、新体制が発足。学者出身の総裁就任は初となりました。植田新総裁は、従来の大規模金融緩和策を維持するとの方針を表明。6 月の金融政策決定会合後の会見では、今後の物価について 2023 年度後半に下がり、2024 年度は日銀が目標とする 2%に上昇するという見通しを示しました。7 月の会合では、イールドカーブ・コントロール（短期から長期までの金利全体の動きをコントロールすること）を修正し、長期金利の上限を事実上 1% に引き上げを決定。結果として、上昇傾向が続いた長期金利は 0.745% と 2013 年 9 月以来 10 年ぶりの高水準を付けました。

「金融政策決定会合」…日銀の最高意思決定機関である政策委員会のうち、金融政策の運営に関する事項を審議・決定する会合。年 8 回開催され、金融市場調節方針、金融政策手段経済・金融情勢に関する基本的見解等を議事事項としている。

間違っているのはどっち？

1 2023 年 4 月、初の学者出身の総裁となった植田氏は、就任時に従来の大規模金融緩和策を維持するとの方針を表明した。

2 2023 年 7 月、日銀はイールドカーブ・コントロールを修正し、長期金利の上限を事実上 1% に引き下げた。

答え：2　長期金利の上限を事実上 1% に引き上げた。

重要度 B

69

経済
自由貿易協定(FTA)/経済連携協定(EPA)

ここが出る!
15 カ国すべての国で RCEP が発効

東京都:★★★

特別区:★★★

日本の FTA/EPA

自由な経済関係の構築を目標に、国や地域間の関税の撤廃など貿易や投資の自由化を進める協定が、FTA(自由貿易協定)と EPA(経済連携協定)です。FTA は物品の関税やサービス貿易の障壁をなくすことを目的とし、EPA はさらに投資や人の移動、知的財産の保護などの強化についても目的とします。

日本では、21 の国・地域との間で EPA が発効しています。近年は大型の協定が相次ぎ、2019 年に発効となった日本と EU の EPA は、域内の人口が6億 4000 万人、世界の GDP の3割、貿易額では4割を占める規模のものになりました。EPA への署名とともに、「日 EU 戦略的パートナーシップ協定(SPA)」にも署名。安全保障や金融政策の協調、海洋・宇宙での自由活動など、約 40 の分野で協力し合うことになります。

また、2021 年 1 月には、EU を離脱したイギリスとの間で日英包括的経済連携協定(EPA)が発効しています。日 EU 間の EPA を土台にしており、デジタル分野のビジネスや人材交流の活発化を重要課題としています。

◎日米貿易協定が発効へ

2020 年 1 月には、日米貿易協定も発効しています。日米貿易協定は、世界の国内総生産(GDP)の約3割を占める経済大国による貿易協定であり、貿易額ベースで日本側の 84%、アメリカ側の 92%の関税が撤廃されるというものです。アメリカからの輸入では、牛肉や豚肉などの関税が TPP の水準を超えない範囲で引き下げられ、日本からの輸出品は工業品を中心に引き下げられます。

アジアによる経済連携協定を推進する RCEP

日本が EPA 交渉で注力していた、中国、韓国、オーストラリア、ASEAN 諸国など計 15 カ国による東アジア地域包括的経済連携協定(RCEP)は、2022 年 1 月に発効しました。2023 年6月にはフィリピンが批准し、これで参加国すべてで発効したことになり、世界の人口の約半分、GDP で最終的に約 3 割をカバーする巨大な自由貿易圏が誕生しています。

なお、RCEPは日本にとっては、最大の貿易相手国である中国と第3位の韓国との間で結ぶ、初めての経済連携協定となります。合意以前にRCEPの交渉から離脱したインドについては、復帰できるようにする閣僚宣言を採択しており、今後も参加を呼びかけるとしています。

RCEPは20分野での関税削減や、知的財産の統一ルールなどを通じて貿易自由化を促進する枠組み。参加国全体で工業製品や農林水産品など91%の品目で関税を段階的に撤廃していきます。なお、日本が適用除外を主張したコメや牛肉・豚肉など重要5品目は、関税削減の対象から外れています。

◎日本のEPA・FTA発効

❶シンガポール	2002年発効
❷メキシコ	2005年発効
❸マレーシア	2006年発効
❹チリ	2007年発効
❺タイ	2007年発効
❻インドネシア	2008年発効
❼ブルネイ	2008年発効
❽ ASEAN	2010年までに発効
❾フィリピン	2008年発効
❿スイス	2009年発効
⓫スイス	2009年発効
⓬ベトナム	2009年発効
⓭インド	2011年発効
⓮ペルー	2012年発効
⓯オーストラリア	2015年発効
⓰モンゴル	2016年発効
⓱ TPP11	2018年発効
⓲ EU	2019年発効
⓳アメリカ	2020年発効
⓴イギリス	2021年発効
㉑RCEP	2022年発効

「**TPP**」…環太平洋経済連携協定（CPTPP）は、2018年に国内手続きの完了したメキシコ、日本、シンガポール、ニュージーランド、加、豪の6カ国で発効。2023年7月にブルネイでも発効し、すべての参加国で効力をもつことになった。同月イギリスが正式に加入している。

ミニ試験問題にチャレンジ

間違っているのはどっち？

1 FTAは、モノの貿易の自由化に加えて、投資や人の移動、知的財産の保護など、広範で自由な対外経済関係を強化することを目的とする。

2 2023年6月のフィリピンの批准により、RCEP参加国すべてで発効し、GDPで最終的に約3割をカバーする巨大な自由貿易圏が誕生した。

答え：1　FTAは物品貿易やサービス貿易のみが対象。

重要度 C

70

社会
処理水問題

ここが出る！
国の基準を大きく下回る処理水

出題予想
東京都： ★★☆
特別区： ★★☆

事故の発生から 12 年を経ての動き

2023 年 8 月、東京電力は政府の方針にもとづき、廃炉を大きく前進させるため、福島原子力発電所の敷地内にたまる処理水の海洋放出を開始しました。事故の発生から 12 年を経て、懸案となってきた処理水の処分が動き出しましたが、放出の完了には 30 年程度という長い期間が見込まれ、安全性の確保と風評被害への対策が課題となります。

処理水は、放射能による汚染水を多核種除去設備等で浄化し、海水で薄めた「ALPS 処理水」であり、放射能汚染の目安となるトリチウム濃度は、1 リットル当たり 43 ～63 ベクレルと、国の基準の 6 万ベクレルを大きく下回っており、安全に放出できると判断。今後は沖合 1 キロの放出口につながる海底トンネルに流し込んで海に放出されます。

中国は日本産の水産物の輸入を全面的に停止

処理水放出にあたって、政府は処理水の放出に関連して海産物の売り上げが減った場合に支援する基金を設け、東電は風評被害を賠償する制度の新設を決定しました。また、周辺海域では、環境省や東電などが個別に海水や魚類をモニタリングして安全確認をするとしています。

放出に対して中国は反発し、対抗措置として日本産の水産物の輸入を全面的に停止することを発表。日本から中国への水産物の輸出額は 2022 年で 871 億円と最大の輸出先であり、この措置で日本の漁業に影響が出ることは避けられず、日本は禁輸撤廃を求める書面を世界貿易機関（WTO）に提出しました。

国際原子力機関（IAEA）は、放出の開始を受けて「放出活動が IAEA の安全基準に合致していることを保証するため現地にいる」として、監視と評価活動を続ける方針を強調した。

重要度C

71

社会
１票の格差裁判

ここが出る！
最高裁は合憲の判決

東京都：★★☆
特別区：★★☆

裁判官 15 人のうち 12 人が合憲

2023 年 10 月、「1 票の格差」が最大 3.03 倍だった 2022 年 7 月の参議院選挙は違憲かどうかが争われた訴訟の上告審判決で、最高裁大法廷は「選挙は合憲」とする判断を示し、弁護士らの上告を棄却しました。裁判官 15 人のうち 12 人が合憲とし、2 人が「違憲状態」、1 人が「違憲・無効」としました。今回の訴訟は、2 つの弁護士グループが選挙無効を求めて全国の高裁・高裁支部で起こしたものになります。

一票の格差とは、選挙で一人の議員が当選するために必要な得票数が選挙区によって異なり、有権者の一票の価値に格差が生じることをいいます。この格差は、憲法が保障する法の下の平等に反するとして、選挙無効を求める訴訟が繰り返し提起されています。

国会の合区解消議論にも影響

参院選をめぐっては、2010 年（最大格差 5.00 倍）と 2013 年（最大格差 4.77 倍）の選挙を最高裁はいずれも「違憲状態」とした経緯があります。この判決より国は公職選挙法を改正し、2016 年選挙で「合区」を導入し、最大格差は 3.08 倍にまで縮小。2022 年選挙は区割り変更も含めた具体的な措置が取られないまま行われ、最大格差は 2019 年選挙から 0.03 ポイント拡大しており、訴訟では上記の国会の対応や、格差の大きさをどう評価するかが焦点でした。

今回の判決で、定数を変更した 2019 年（最大格差 3.00 倍）の訴訟を含めて 2 回連続で「合憲」になったことになり、今回の判決は「合区解消」が浮上している国会の議論に少なからず影響することになります。

「**合区**」…一票の格差を是正するため、複数の選挙区を 1 つの選挙区としてまとめること。2016年の参議院選挙から「鳥取県と島根県」、「徳島県と高知県」とが「合区」として 1 つの選挙区になっている。

重要度A
重要度B
重要度C

重要度C

72

社会
性別変更手術をめぐる裁判

ここが出る！
法規定を違憲とするのは戦後 12 例目

出題予想
東京都： ★★☆
特別区： ★★☆

生殖能力をなくす手術を求める法の規定は「違憲」

2023 年 10 月、最高裁大法廷は戸籍上の性別を変更する際、生殖能力をなくす手術を必要としている法の規定について、「違憲」とする初めての判断を示しました。裁判の申立人は、手術を強いる規定が「人権侵害で憲法違反」と訴えていましたが、1、2 審で手術をしない限り性別変更を認めないという判決が示されており、上告していました。

最高裁は 2019 年にも同様の裁判で、生殖能力がないことを定めた規定について「現時点で合憲」としつつ、「社会の変化にともない変わる」として合憲かどうかは継続的な検討が必要であると指摘していました。

今回の判決は裁判官 15 人全員一致の意見。最高裁が法規定を違憲とするのは戦後 12 例目であり、今後、国会は法の見直しが迫られることになります。

戸籍上の性別変更の際の5つの要件

この裁判は、戸籍上は男性で、女性として社会生活を送っている申立人が、戸籍上の性別を女性に変更するよう求めて行われたものです。申立人は性同一性障害と診断され、ホルモン投与を受けてきましたが、身体的、経済的な負担が出る性別適合手術は受けずにいました。

戸籍上の性別変更について定めた性同一性障害特例法では、変更の際に５つの要件を定めており、事実上、性別適合手術を受けることが必要になっています。裁判ではこれら５つの要件のうち、「生殖腺がないか、生殖機能を永続的に欠く」（生殖不能要件）と、「移行する性別と外観が似ている」（外観要件）の２点が争われ、外観に関する要件については二審に差し戻しています。

海外では同じような規定を撤廃する動きがあり、2014 年に世界保健機関（WHO）が「法律上の性別変更に望まない生殖能力をなくす手術は人権侵害」との声明を発表。性別変更に関する法令がある約 50 カ国のうち 40 カ国あまりが手術を要件としていないのが現状。

重要度C

73 文化
昨年のノーベル賞

ここが出る！
経済学賞で女性の受賞者は３人目

東京都： ☆☆☆
特別区： ★★☆

経済学賞、平和賞、文学賞

2023年10月、ノーベル賞の受賞者が発表されました。経済学賞は、米ハーバード大学のゴールディン教授が受賞。経済学賞で女性の受賞者は３人目です。女性の労働市場への参加についてデータを集め、男女間の格差の是正において何が重要なのか、そのカギとなる要因を分析。経済のサービス化が進むことで就業率が増加するとして、U字型のカーブを描く構造を初めて明らかにしました。

平和賞は、イランの人権活動家モハンマディ氏が受賞。女性の権利擁護や死刑制度の廃止などを訴えてきた活動が評価されての受賞となりました。

文学賞はノルウェーの劇作家、フォッセ氏が受賞。フォッセ氏は1959年にノルウェーで生まれ、1980年代前半から小説や詩集、それにエッセイなどを次々と発表。生や死などをテーマにした戯曲を数多く手がけてきました。

化学賞、生理学・医学賞、物理学賞

化学賞は、米マサチューセッツ工科大学のバウェンディ教授、米コロンビア大学のブルース教授、旧ソビエト出身のエキモフ氏の３人が、「量子ドット」と呼ばれる、１ミリの100万分の１という「ナノ」サイズの極めて微細な結晶を発見するなど、「ナノテクノロジー」の発展につながる基礎を築いた功績が評価されて受賞しています。

生理学・医学賞は、ハンガリー出身で米ペンシルベニア大学のカリコ氏とワイスマン氏の２人が受賞。新型コロナワクチンで実用化された人工的に合成した遺伝物質のメッセンジャーRNA（mRNA）を、医薬品として使うための基礎となる方法を開発したことが評価されての受賞となりました。

物理学賞は米オハイオ州立大学のアゴスティーニ教授、独マクシミリアン大学のクラウス教授、スウェーデンのルンド大学のルイエ教授の３人が受賞。「アト秒」と呼ばれる短い時間だけ光を出す実験的な手法を開発し、電子の動きを観察する新たな研究が評価されました。

重要度C

74 その他 昨年のその他の国内外情勢

ここが出る！
大阪府・市をIR認定

出題予想
東京都：★☆☆
特別区：★☆☆

主な国内の動き

昨年の国内外に関する主な動きを、以下にまとめます。

❶共同親権	2023年8月、法務相の諮問機関である法制審議会の部会で、離婚後に父母双方に子どもの親権を認める「共同親権」を導入する案を提示。離婚後の親権に関して、父母どちらかの単独親権に限る現行制度を見直し、「父母の双方または一方を親権者と定める」方向性を明らかにした。離婚後も父母で子育てするための環境を整備するのがねらい。親権を持つ者のうち一方が日常の世話などをし、他の親権者よりも子供に対する判断が優先される「監護者」と決めることができる制度も検討するとした。
❷インバウンド回復	2023年10月、アジア圏の需要回復の加速を受け、訪日客数が251万6500人を記録し、コロナ禍前の2019年同月を0.8%上回った。単月でコロナ禍前の水準を超えたのは初。政府が水際対策を緩和してから1年が立ち、平時に戻りつつあるが、外国人も含め国内外の観光客が押し寄せて地元住民の暮らしに支障が出る「オーバーツーリズム」が問題になってきている。
❸文化庁移転	2023年3月に文化庁が京都に移転し、新しい庁舎で業務を開始した。国の省庁が地方に全面的に移転するのは首都を東京に移して以来、初めて。政府が地方創生に向けて東京一極集中を是正するとして、国の機関の地方への移転を進める方針を打ち出したのが移転の理由で、中枢機能の多くが移る移転ではあるが、全体の3割を超える職員は東京に残留する形になった。
❹出生数	2023年11月、2023年の日本人の出生数は70万人台前半と8年連続で過去最少を更新することがわかった。コロナ禍で将来不安が高まり婚姻数が低迷し、厚生労働省発表の人口動態統計で、2023年1～9月の出生数（外国人含む速報値）は、前年同期比で5.0%減少の56万9656人、婚姻数は4.4%減の36万5478組。1人の女性が生涯に産む子どもの人数を示す合計特殊出生率も過去最低になると推測している。

❺辺野古沖埋め立て訴訟	2023年9月、沖縄のアメリカ軍普天間基地の移設計画をめぐり、工事を承認しない県に対して国が行った「是正の指示」が違法かどうかが争われた裁判。最高裁は「国の指示は適法だ」として上告を退ける判決を言い渡し、沖縄県の敗訴が確定した。5人の裁判官全員一致の意見で、移設計画の大きな焦点である軟弱地盤の改良工事について最高裁が判断を示したのは初めて。県は、国に従って工事を承認する義務を負い、県が従わない場合は国が代わりに承認する「代執行」ができるようになる。
❻IR認定	2023年4月、観光政策の柱として進めているカジノを含む統合型リゾート施設（IR）について、大阪府・大阪市が提出した整備計画を認定。IR認定の第1号として、大阪の人工島・夢洲でカジノのほか国際会議場やホテル、シアターなども整備し、2030年の開業を目指す。年間来場者数は約2000万人、年間売上は約5200億円を見込む。しかし、IR計画について住民投票を求める署名活動を行ってきた市民団体は、国に認定取り消しを要請するなど反対している。
❼「OSA」（政府安全保障能力強化支援）	2023年4月、政府は国家安全保障戦略で打ち出した同志国の軍に対する支援の新たな枠組みを発表。名称は「OSA」（政府安全保障能力強化支援）とし、同志国への防衛装備品の供与などを通じて抑止力向上を後押しする。初めての実施となる2023年度はフィリピン、マレーシア、バングラデシュ、フィジーの4カ国の軍などに対して行う方針を示している。
❽日フィリピン首脳会談	2023年2月、岸田首相は来日したフィリピンのマルコス大統領と会談し、フィリピンのインフラ整備などへ6000億円支援することを表明。農業や情報通信技術分野での協力を進める覚書にも署名した。安全保障面では自衛隊とフィリピン軍の共同訓練を強化・円滑化する検討を継続することで一致した。 11月、フィリピンで岸田首相はマルコス大統領と会談し、中国を念頭に安全保障協力を強化するため、新たな支援の枠組み「OSA」を通じて沿岸監視レーダーを供与することで合意。警戒管制レーダーの移転を含む防衛装備・技術協力を一層進めていくことも確認した。
❾主な文化勲章・文化功労者	【文化勲章】川淵三郎（元日本サッカー協会会長）／塩野七生（作家）／野村万作（能楽師）／谷口維紹（分子免疫学者）／岩井克人（経済学者）／井茂圭洞（書家）／玉尾皓平（化学者） 【文化功労者】北大路欣也（俳優）／里中満智子（マンガ家）／中林忠良（版画家）／牧進（画家）／横尾忠則（現代美術家）／阿形清和（ 基礎生物学研究所長）／金水敏（日本語学者）／宮園浩平（医学者）／吉川洋（経済学者）／矢野誠一（演劇・演芸評論家）

重要度A 重要度B 重要度C

⑩シリア アラブ連盟復帰	2023年5月、内戦での市民弾圧をめぐって国際的に孤立してきたシリアが、アラブの21カ国とパレスチナ解放機構でつくるアラブ連盟に復帰することが12年ぶりに認められた。シリアの内戦が始まった2011年、アサド政権の弾圧で、大勢の市民が犠牲になったという理由でアラブ連盟の参加資格が停止していたが、同月に開催されたアラブ連盟の首脳会議にもアサド大統領は出席。復帰に反対するアメリカはシリアへの制裁は引き続き全面的に発動されると表明し、一方アサド政権を支援するロシアはシリアのアラブ連盟復帰を歓迎する姿勢を示した。
⑪デジタル課税	2023年7月、日本を含む約140の国・地域で議論してきた新しい国際課税のルールを定めた多国間条約の条文を、協議を主導してきた経済協力開発機構（OECD）が表明。巨大IT企業などに対し、サービスの利用者がいる国（市場国）も課税できるようにする「デジタル課税」を創設するのが柱で、2025年の発効をめざす。デジタル課税は、2021年に136カ国・地域が合意した国際課税の新ルールの一つで、多国籍企業の「課税逃れ」を防ぐのがねらい。
⑫AZEC（アジア・ゼロエミッション共同体） 首脳会合	2023年12月、日本とASEANの連携でアジア地域の脱炭素化を目指すAZEC首脳会合が、岸田首相の提唱により初めて開催された。岸田首相は、日本の技術力などを生かしながら取り組みをリードしていく考えを表明し、「脱炭素はアジアの共通課題で、解決のカギはイノベーション。AZECの立ち上げはアジアに世界から資金を引き付ける『巨大脱炭素市場』を生み出す」と強調。経済成長やエネルギー安全保障の確保とも両立を図りながら、実現を目指す方針を確認した。また、各国の政策立案や調査などを支援するため、インドネシアに構想の中核機関となる「アジア・ゼロエミッションセンター」を発足させ、各国の有識者らによる「賢人会議」を設置することで合意した。

間違っているのは

1 2023年3月に文化庁が京都に移転したが、国の省庁が地方に全面的に移転するのは首都を東京に移して以来、初めてである。

2 2023年11月、日フィリピン首脳会談が行われ、岸田首相は新たな支援の枠組み「OSA」を通じて地対艦ミサイルを供与することで合意した。

答え：2　新たな支援の枠組みを通じて沿岸監視レーダーを供与することで合意。

問題演習編

予想模擬問題

東京都と特別区の本試験に近い、厳選した予想問題を掲載。４大テーマを中心として、全部で 36 問を載せてありますので、「時事解説編」と合わせて活用すれば、しっかりとした試験対策が行えます。間違った問題は何回も復習しておきましょう。

国際会議

法律

白　書

国際

重要度別テーマ

「国際会議」の攻略法

国際会議は特に東京都・特別区ともに頻出しているテーマです。中でも、G7 や G20、APEC、国連気候変動枠組条約締約国会議は過去に何度も出題されています。

過去問をチェック！

まずは過去問を見てみましょう。令和５年度の東京都Ⅰ類Ｂで出題された時事問題です。

令和５年度東京都Ⅰ類Ｂ

〔No.40〕国際情勢に関する記述として、妥当なのはどれか。

選択肢１～２は省略

3. 昨年 11 月に開催された APEC 首脳会議では、持続可能な地球のために、全ての環境上の課題に包括的に対処するための世界的な取組を支援することなどを表明した「バイオ・循環型・グリーン経済に関するバンコク目標」が承認された。
4. 昨年 12 月に開催された G20 バリ・サミットでは、全ての国がウクライナでの戦争を非難したとした上で、核兵器の使用又はその威嚇は許されないこと及び現代を戦争の時代にしてはならないことなどを明記した首脳宣言が採択された。
5. 昨年 12 月に開催された生物多様性条約第 15 回締約国会議（COP15）では、「昆明・モントリオール生物多様性枠組」が採択され、2050 年までに陸と海の面積の少なくとも 50 %を保全する「50 by50 」などの目標が定められた。

2022 年（令和４年）に行われた国際会議の内容を問う問題です。国際関係の問題の中の３つの選択肢として、国際会議に関する内容が出題されています。国際会議に関する問題は、首脳宣言や声明、掲げられた計画の内容をしっかりと押さえておくことが求められます。

また、宣言·声明には、聞きなれない用語が使われていることがありますので、その意味を理解しておく必要があります。

解答・解説 答え 3

3. 妥当である。
4. 参加国のほとんどがウクライナでの侵攻を強く非難したことを明記したがすべての国ではなかった。採択された首脳宣言でも名指しでのロシア批判は避け、「状況や制裁についてほかの見解や異なる評価もあった」との文言を加え、G20 内でロシアに対する立場が異なっている現状を表明した。
5. 世界全体で陸地と海に加えて、生物多様性の損失が特に大きい河川や湖沼などの内水域について、30%以上を保全地域にする「30by30」という目標や、外来種の侵入を少なくとも 50%削減することなどが盛り込まれた。

傾向と対策

平成５年度の東京都Ｉ類Ｂの出題では、５つの選択肢のうち３つの選択肢において 2022 年に行われた複数の国際会議の内容が問われました。過去の出題では１問すべてで１つの国際会議の内容を問う問題が一般的でしたので、そのことも考慮すると本来はそれぞれの主要な国際会議についてより深い理解が求められます。出題が考えられる会議は以下の４つの会議で、特に日本で開催された G7 サミットは出題される可能性が高いです。

- **G7 サミット**
- **G20 サミット**
- **国連気候変動枠組条約第 28 回締約国会議（COP28）**
- **ASEAN 関連首脳会議／ APEC**

対策としては、時事解説編をよく読み込んでおき、時間があれば外務省のホームページで、会議の概略を読んでおくとさらに効果的です。

問題文自体で問われる内容は単純なのですが、専門用語や特有の言い回しに最初はとまどってしまうかもしれません。問題文を落ち着いてよく読み、実際の内容と異なる箇所に目をつけられるか否かがポイントです。

そのうえで、誤りの選択肢を除いていき、正解の選択肢を見出すことが、解法の手順となります。

予想問題・国際会議

[No. 1] 昨年９月に開催されたG20ニューデリー・サミットに関する記述として、妥当なのはどれか。

1　首脳宣言では、ウクライナ侵攻が世界経済に悪影響をおよぼすとして、参加国のほとんどがウクライナ侵攻を強く非難したことを明記したが、ロシアによる侵攻を「戦争」とは表現しなかった。

2　首脳宣言では、名指しでロシアを批判したものの、状況や制裁についてほかの見解や異なる評価もあったとの文言を加え、G20内でロシアに対する立場が異なっている現状も示した。

3　全会一致を原則とする首脳宣言の採択で、最大の壁と予想されていたロシア自身も軟化姿勢をみせて採択に至った。

4　アメリカのバイデン大統領が会議でロシアの核兵器の脅威を訴えたため、宣言では核兵器の使用や使用の威嚇は許されないことも明記された。

5　ウクライナ侵攻が世界経済のリスクを増大させているとし、期限が切れるウクライナ産化石燃料輸出に関する４者合意について、延長して完全履行するように訴えた。

解答・解説

1　首脳宣言ではロシアによる侵攻を「戦争」と表現した。

2　首脳宣言では、名指しでのロシア批判は避けた。

3　妥当である。

4　ウクライナのゼレンスキー大統領が、会議でロシアの核兵器の脅威を訴えた。

5　期限が切れるウクライナ産穀物輸出に関する４者合意について、延長して完全履行するように訴えた。

答え／3

[No. 2] 昨年5月に開催されたG7広島サミットに関する記述として、妥当なのはどれか。

1 首脳宣言では、中国や北朝鮮に対抗し「法の支配」にもとづく国際秩序を維持するため結束を強化していることを盛り込んでいる。

2 G7初となる核軍縮に特化した共同文書の「広島ビジョン」が表明され、ロシアに対して「核兵器の使用の威嚇、いかなる使用も許されない」と強調し、ロシアに核の不使用を要求している。

3 核保有国に透明性の向上を求めることを盛り込み、北大西洋条約機構（NATO）体制の堅持を強調した。

4 首脳宣言で、世界経済の現状については引き続き警戒して機動的で柔軟な政策対応を取る必要があるとし、インフレは世界的におさまりつつあることを確認した。

5 「G7クリーンエネルギー経済行動計画」を採択、各国のエネルギー事情や産業、社会構造等に応じた多様な取り組みを認識しながら、遅くとも2030年までのネットゼロにつなげるべきだと強調した。

解答・解説

1 中国やロシアに対抗し「法の支配」にもとづく国際秩序を維持するため、結束を強化していることを盛り込んでいる。

2 妥当である。

3 北大西洋条約機構（NATO）ではなく、核拡散防止条約（NPT）体制の堅持を強調した。

4 インフレ率が依然として高いことから、中央銀行が物価の安定に強く取り組むことを確認した。

5 遅くとも2050年までのネットゼロにつなげるべきだと強調。

答え／2

【No. 3】昨年開催されたASEAN関連首脳会議、APEC首脳会議に関する記述として、妥当なのはどれか。

1　ASEAN関連首脳会議には、日本からは岸田首相が、アメリカはバイデン大統領、中国は習国家主席、ロシアはプーチン大統領などが出席した。

2　ASEAN関連首脳会議では、経済分野での論議は進まなかったが、地域や国際社会の外交・安全保障についての議論は進展した。

3　アジアサミット（EAS）では、中国が海洋進出を強める南シナ海やロシアのウクライナ侵攻について、各国がそれぞれ主張を展開したため、声明で具体的な進展は見られなかった。

4　ASEAN首脳会議では、中国が発表した2023年版の最新地図に対して会議は紛糾、東シナ海のほぼ全域を中国が管轄権を持つ海域としていることにASEAN加盟国から反発する声が上がった。

5　APEC首脳会議では、ロシアによるウクライナ侵攻や中東情勢について厳しい姿勢を維持することで参加国すべてが一致した。

解答・解説

1　アメリカはハリス副大統領、中国は李強首相、ロシアはラブロフ外相などが出席。

2　経済分野での論議は進んだものの、地域や国際社会の外交・安全保障についての議論は進展しなかった。

3　妥当である。

4　中国が発表した2023年版の最新地図では、南シナ海のほぼ全域を中国が管轄権を持つ海域として線引きしていた。

5　ウクライナ侵攻や中東情勢については触れられなかった。

答え／3

予想問題・国際会議

☐
☐
☐

[No. 4] 昨年 11 月に開催された国連気候変動枠組条約第 28 回締約国会議（COP28）に関する記述として、妥当なのはどれか。

1　これまでの COP での成果文書では石炭火力発電の段階的削減を打ち出していたが、今回の成果文書に化石燃料の削減を促す方針は明記されなかった。

2　グローバル・ストックテイクが実施され、パリ協定の目標を達成するには、温室効果ガスの排出量を 2019 年と比べ、2030 年までに 60％削減する必要があるという結果を発表した。

3　成果文書は、すでに気温が産業革命前から 1.1 度上昇したと指摘、パリ協定の 1.5 度目標まで 0.4 度しか猶予がないことになる。

4　2030 年までに再生エネルギーの設備容量を 3 倍、省エネ改善率を 2 倍にすることなどが成果文書に盛り込まれたが、原子力について触れられることはなかった。

5　途上国の「ロス＆ダメージ」に対する資金支援のファンド設立については、暫定的に IMF（国際通貨基金）の下で運営されると成果文書に明記された。

解答・解説

1　今回の成果文書では、すべての化石燃料の削減を促す方針が初めて明記された。
2　2030 年までに 43％、2035 年までに 60％、削減する必要があるという結果を発表。
3　妥当である。
4　化石燃料の代替手段の一つとして、初めて「原子力」が挙げられた。
5　世界銀行の下で運営すると成果文書に明記された。

答え／3

「法律」の攻略法

法律も、東京都と特別区で頻出しているテーマで、昨年に成立・施行した法律が対象となります。法改正であれば改正点をしっかり押さえておきましょう。

過去問をチェック！

令和５年度に出題された東京都Ⅰ類Ｂの問題を見てみましょう。

令和５年度東京都Ⅰ類Ｂ

【No.39】昨年３月に施行された「銃砲刀剣類所持等取締法の一部を改正する法律」に関する記述として、最も妥当なのはどれか。

1. クロスボウの規制対象の範囲が従前に比べて強化され、人の生命に危険を及ぼし得る威力を有するか否かに関わらず、標的射撃等の用途に供する場合を除き、原則として所持してはならないとされた。
2. 標的射撃等の用途に供するため本法律に定めるクロスボウを所持しようとする者は、所持しようとするクロスボウごとに、その所持について、都道府県公安委員会の許可を受けなければならないとされた。
3. 標的射撃等の用途に供する場合以外でのクロスボウの発射が禁止されたが、予め都道府県公安委員会に届け出れば、クロスボウの携帯や運搬は可能であるとされた。
4. クロスボウを譲渡する場合には、譲渡の相手方の確認が義務化されたが、具体的な確認内容等については、政令に基づき各都道府県の条例において定めるとされた。
5. 本法律の施行日前からクロスボウを所持する者が、施行日以降所定の期間が経過した後もなお適切な手続きを経ずクロスボウを所持している場合、懲役又は罰金に処せられることはないが、クロスボウの使用停止が命ぜられるとされた。

解答・解説 答え 2

1.「人の生命に危険を及ぼし得るものとして一定の値以上のもの」であるクロスボウの所持を禁止している。
2. 妥当である。
3. 標的射撃等の用途に供する場合以外でのクロスボウの所持が禁止された。
4. クロスボウの所持許可証の原本の確認が、条例に関わらず必要。
5. 3年以下の懲役または50万円以下の罰金に処せられる。

傾向と対策

テレビ・新聞・ネットをはじめとする各メディアで大きく取り上げられた法律や、社会に大きな影響をおよぼす法律は、出題される可能性が高くなります。昨年に成立もしくは施行した重要な法律には次のものがあります。

・刑法改正
・LGBT 理解増進法
・入国管理法改正
・フリーランス新法
・マイナンバー法

次に法律の時事問題での問われ方です。問われる内容は、大まかには次のようになります。

・法律の内容（概要）
・その法律の成立過程に関する内容

法律の内容については、詳細な点まで問われることが多いので、本書解説をしっかり読み込んでおくことが必要です。

また、法律の成立過程に関する内容については、成立時に反対した政党があったかどうかなどが問われることもあります。

予想問題・法律

［No. 1］昨年５月に施行した「性的指向又は性自認を理由とする差別の解消等の推進に関する法律」に関する記述として、妥当なのはどれか。

1　LGBT 理解増進法は、「性的指向やジェンダーアイデンティティを理由とする不当な差別はあってはならない」という基本理念のもと、これに反する行為について罰則を規定している。

2　３つの法案が提出されていたが、最終的には日本維新の会と国民民主党が共同で提出した独自の法案が採用された。

3　法律では、性的マイノリティーに関しての政策について厚生労働省が担当省庁となり、総合調整を行う部署として「連絡会議」が作られることで、総合的な施策の実施がされるようになる。

4　企業に対しては、LGBT に対する理解増進のための研修や啓発、就業環境に関する相談体制の整備、その他の必要な措置を義務として法律で定めている。

5　性的指向などに特化して差別を否定する法律は、日本にこれまでなかった。

解答・解説

1　「LGBT 理解増進法」は、罰則を設けない理念法である。

2　最終的には３つの法案の中から、与党案をさらに修正した「修正案」を採用した。

3　性的マイノリティーに関しての政策については内閣府が担当省庁となることを法で定めている。

4　企業に対しては、LGBT に対する理解増進のための研修や啓発等を行うことを、「義務」ではなく「努力義務」としている。

5　妥当である。

答え／5

予想問題・法律

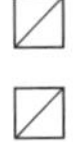

[No. 2] 昨年6月に成立した「刑法改正」「性的姿態撮影等処罰法」に関する記述として、妥当なのはどれか。

1　刑法改正で、性的行為に関して意思決定できるとみなす「性交同意年齢」が13歳から16歳に引き上げられ、16歳未満への行為はいかなる条件であれ処罰されることになる。

2　「不同意性交罪」「不同意わいせつ罪」の罪の構成要件として、従来の「暴行や脅迫」に加えて、「アルコールや薬物の摂取」「同意しない意思を表す暇を与えない」など6つの行為を定めている。

3　「不同意性交罪」の時効は5年延長されて15年となり、被害時に18歳未満であれば、18歳になるまでの期間を加算して算出される。

4　わいせつ目的で18歳未満に金銭提供するなどして手なずける「面会要求罪」「映像送信要求罪」が創設された。

5　刑法改正で、わいせつな画像を撮影したり、第三者に提供したりする行為は「撮影罪」「提供罪」として処罰される。

解答・解説

1　同年代同士の行為は罰せず、被害者が13歳から15歳の場合の処罰の対象については、5歳以上年上の相手としている。

2　8つの行為を条文で列挙している。

3　妥当である。

4　わいせつ目的で16歳未満に金銭提供するなどして手なずける「面会要求罪」「映像送信要求罪」を創設。

5　わいせつな画像を撮影したり、第三者に提供したりする行為を「撮影罪」「提供罪」として定めるのは性的姿態撮影等処罰法。

答え／3

[No. 3] 昨年４月に施行した「特定受託事業者に係る取引の適正化等に関する法律」に関する記述として、妥当なのはどれか。

1　組織に対して立場の弱い個人であるフリーランスを保護する今回の法案の国家での審議では、与党と日本維新の会、国民民主党が賛成し、立憲民主党などは反対した。

2　フリーランス人口は462万人で就業者全体の約7%を占めており、企業の委託を受けて仕事するフリーランスのうち、取引先とのトラブルを経験した割合は２割近かったことがわかっている。

3　新法では、フリーランスに業務を委託する企業に、仕事の範囲や報酬額を口頭にてあらかじめ伝えることを義務付けている。

4　業務を委託する企業は、発注した仕事の成果物を受けとってから60日以内に報酬を支払うことを定めているが、違反した場合の罰則は規定されていない。

5　新法には、フリーランスに労働基準法などの法令が適用されない状況を考慮し、フリーランスの労働環境整備も規定されている。

解答・解説

1　フリーランス新法は、全会一致で可決している。

2　フリーランスのうち、取引先とのトラブルを経験した割合は２割近くではなく、４割近かったことがわかっている。

3　企業に対して、仕事の範囲や報酬額を書面、メールにてあらかじめ明示することを義務付けている。

4　企業は、仕事の成果物を受けとってから60日以内に報酬を支払うことを規定し、違反した場合50万円以下の罰金が科せられる。

5　妥当である。

答え／５

予想問題・法律

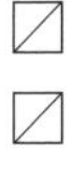

[No. 4] 昨年6月に成立した「出入国管理及び難民認定法」に関する記述として、妥当なのはどれか。

1　政府が重要法案に位置づけた入国管理法の今回の改正は、従来、外国人の出入国時の手続き等を簡略化するのが目的である。

2　改正法では、難民認定の手続き中は強制送還を一律に停止する規定に例外を設け、3回目以降の申請者については送還できるようにしている。

3　従来は原則、国外に送還するまでの間は、入国管理局が認めた支援者らである「監理人」のもとで生活することになっていたが、全員施設に収容するようになることも法律に盛り込まれている。

4　収容の長期化をできるだけ避けるため、そのまま入国管理局施設に収容を続けるべきか1カ月ごとに検討する制度も新設された。

5　従来、国連難民条約の規定に合う人についてのみ難民と認めていたが、ウクライナ等の避難民を受け入れるため、紛争地の避難民はすべて難民として受け入れる規定も新設された。

解答・解説

1　今回の改正は、外国人の長期収容問題を改善するのが目的。

2　妥当である。

3　入国管理局が認めた支援者らである「監理人」のもとで生活できることなども法律には盛り込まれている。

4　入国管理局施設にそのまま収容を続けるべきか、3カ月ごとに検討する制度も新設された。

5　紛争地からの避難民について、難民に準ずる「補完的保護対象者」として受け入れる規定も新設。

答え／2

予想問題・法律

[No. 5] 昨年４月に施行した「こども家庭庁設置法」に関する記述として、妥当なのはどれか。

1　子ども政策の司令塔となる「こども家庭庁設置法」は、他省庁への勧告権を持つこども家庭庁が、2023年４月に厚生労働省の外局として発足することを定めた法律である。

2　こども家庭庁は省庁の縦割りを排し、従来、組織の間でこぼれ落ちていた子どもに関する福祉行政を担う。

3　子ども政策担当の内閣府特命担当大臣には、各省庁に子ども政策に対する改善を求めることができる「助言権」を持たせるとしている。

4　内閣府が所管する保育所と厚生労働省が所管する認定こども園を、ともにこども家庭庁に移すことを規定、内閣府や厚生労働省の子ども関係の部局はほぼすべてが新組織に移管される。

5　従来通り文部科学省が担当していた幼稚園や義務教育などの教育分野についても、こども家庭庁に移すことになり、長年の課題だった幼保一元化が実現した。

解答・解説

1　内閣府の外局として発足することを定めた法律である。

2　妥当である。

3　各省庁に子ども政策に対する改善を求めることができる「勧告権」を持たせるとしている。

4　内閣府が所管するのは認定こども園であり、厚生労働省が所管するのは保育所である。

5　長年の課題だった幼保一元化は見送られた。

答え／2

予想問題・法律

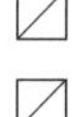

[No. 6] 昨年１月に施行した「法人等による寄付の不当な勧誘の防止等に関する法律」に関する記述として、妥当なのはどれか。

1　旧統一教会問題を受けたこの法律では、宗教団体などの法人を対象にすべての寄付の勧誘を禁止している。

2　法案の可決にあたっては、自民、立憲などが共同で、寄付勧誘時に法人が配慮しなければならない配慮義務規定を「十分に配慮」とより弱い表現に修正された。

3　今回の新法成立にともない、霊感商法の被害救済に向けた消費者基本法と民法の改正案も全会一致で可決した。

4　この法律では、寄付者を困惑させる不当な勧誘を定義し、生活に不可欠な資産を処分したりして資金調達するよう求めることも禁じている。

5　宗教法人などが配慮義務を怠った場合でも、行政機関が勧告することや法人名を公表することはできない。

解答・解説

1　宗教団体などの法人を対象に、悪質な寄付の勧誘を禁止している。

2　配慮義務規定を「十分に配慮」と強い表現に修正された。

3　霊感商法の被害救済に向けた消費者契約法と国民生活センター法の改正案も全会一致で可決した。

4　妥当である。

5　宗教法人などが配慮義務を怠った場合は、行政機関が勧告することや法人名を公表できるように改められている。

答え／4

「白書」の攻略法

白書は東京都で例年頻出しているテーマです。特別区では経済財政白書が頻出していましたが、近年の出題は傾向が異なってきています。

過去問をチェック！

まずは過去問を見てみましょう。令和５年度の東京都Ⅰ類Ｂで出題された時事問題です。

令和５年度東京都ⅠＢ

【No.36】昨年６月に内閣府が公表した「令和４年版 少子化社会対策白書」に関する記述として、妥当なのはどれか。

1. 日本の総人口は、2021 年 10 月 1 日時点で 1 億 2,550 万人、そのうち年少人口（0 ～ 14 歳）は 3,621 万人で、総人口に占める割合は 28.9% である。
2. 2020 年の全国の出生数は 136 万人で、東京都は、都道府県別出生数では最も多いが、都道府県別合計特殊出生率では 1.83 で二番目に低い。
3. 新型コロナウイルス感染症を踏まえた少子化対策の主な取組の一つとして、地方公共団体が行う結婚新生活支援事業の支援内容を充実するとしている。
4. 重点課題として、「子育て支援施策の一層の充実」、「結婚・出産の希望が実現できる環境の整備」、「３人以上子供が持てる環境の整備」、「男女の働き方改革の推進」の四つを挙げている。
5. ライフステージを結婚、妊娠・出産、子育ての３段階に分けて、各段階で施策を掲げており、子育て段階ではライフプランニング支援の充実や、妊娠や家庭・家族の役割に関する教育・啓発等を行うとしている。

解答・解説　　答え　3

1. 15歳未満人口は1478万4千人で、前年に比べ24万7千人の減少となり、割合は11.8%。28.9%は65歳以上の割合。
2. 2020年1月から12月末までの出生数は84万835人。都道府県別の合計特殊出生率で東京は最も低い。
3. 妥当である。
4. 重点課題として挙げられたのは5つの課題。
5. 「結婚前」も含めて4段階に分けている。

傾向と対策

白書から出される出題傾向として、テレビ、新聞などの大手メディアが話題にしたものが参考になります。もちろんこれだけではありませんが、白書の内容をすべて把握するのは不可能ですので、押さえるべき点をどれだけ押さえられるかがカギとなります。本書の時事解説編をよく読み、重要な論点はしっかり理解しておきましょう。

また、白書の統計データを元に問題が作成されますので、数値に重きを置いた設問になっているのが特徴です。選択肢の文中の「増えた、減った、多い、少ない」など、数値を比較している言葉は注意して確認しましょう。

さらに「ほとんど、全く」などの極端な否定語にも注目してください。引っかけの言葉としてよく使用されるため、誤りの選択肢であることを疑ってみましょう。なお、近年出題された白書は次のようになっています。

年度	東京都	特別区
令和5年	少子化社会対策白書	―
令和4年	環境白書	―
令和3年	経済財政白書／情報通信白書	―
令和2年	経済財政白書／観光白書	―
令和元年	子供・若者白書	―
平成30年	警察白書	―

白書は、東京都では毎年のように出題されています（最大2問）。一方、特別区では平成23年に出題されて以来、白書の出題は見られません。

予想問題・白書

☐
☐
☐

[No. 1] 昨年８月に内閣府が発表した「経済財政白書」の内容に関する記述として、妥当なのはどれか。

1　白書では、物価と賃金の上昇が始まり、「デフレとの戦いから日本経済が転換点を迎えつつある」と指摘。デフレ脱却に前向きな表現を盛り込んだのは初めてである。

2　白書では、物価上昇と賃上げの好循環を実現するために、価格転嫁を進めたり付加価値を高めたりすることが重要だとしている。

3　白書は、足下では生鮮食品を除く食料が物価上昇全体の伸びの６割を占め、エネルギーもあわせると食料とエネルギーで全体の９割を占めていたと指摘している。

4　物価は上昇しているものの、春季労使交渉における賃上げ率は低い水準であり、６月の現金給与総額は前年同月比で2.3％減少と名目賃金に反映されていないことがわかっている。

5　白書では、中高所得世帯を中心に物価上昇にともなって消費を抑制する動きがみられるとしている。

解答・解説

1　デフレ脱却に前向きな表現を盛り込んだのは７年ぶりになる。

2　妥当である。

3　白書は、生鮮食品を除く食料が全体の伸びの６割を占め、エネルギーはマイナス圏にあることを指摘。

4　春季労使交渉における賃上げ率は約30年ぶりの高水準を実現し、名目賃金にも反映されていることがわかっている。

5　物価上昇にともない消費を抑制する動きがみられるのは低所得世帯。

答え／２

予想問題・白書

[No. 2] 昨年６月に経済産業省が発表した「通商白書」の内容に関する記述として、妥当なのはどれか。

1　白書では、ロシアのウクライナ侵攻や米中の対立が続く中、深刻な分断は民主主義勢力、権威主義国の両陣営に大きな打撃を及ぼすと強調している。

2　白書では、分断の進行が世界経済の大きな下押しリスクになるとしており、輸出規制などで相手国に圧力をかける、いわゆる「政治的威圧」が多発しているとしている。

3 「BRICS」と呼ばれる新興国や途上国との連携を強化する方針を、初めて白書に盛り込んでいる。

4　2022 年度の貿易統計速報によると、石炭や天然ガスの資源価格の高騰から、輸出から輸入を差し引いた貿易収支が約 21 兆円の黒字となり、過去最大となったことが判明している。

5　白書では、今後は化石燃料の輸入依存度を上げる必要があると強調している。

解答・解説

1　妥当である。

2　輸出規制などで相手国に圧力をかける、いわゆる「経済的威圧」が多発しているとしている。

3　連携強化する方針が初めて白書に盛り込まれたのは、「グローバル・サウス」と呼ばれる新興国や途上国。

4　貿易収支は約 21 兆円の赤字となった。

5　化石燃料の輸入依存度を下げる必要があると強調している。

答え／1

[No. 3] 昨年6月に環境省が発表した「環境・循環型社会・生物多様性白書（環境白書）」の内容に関する記述として、妥当なのはどれか。

1　白書には、生物の多様性を守るため、民有地を含めて山と湿原にそれぞれ30％以上の保全地域を確保することを目標とすることが盛り込まれている。

2　白書では、地球温暖化の進行により、地球の生命維持システムが存続の危機に瀕しているとし、気候変動や生物多様性の損失は経済や社会にも大きな影響を及ぼすとしている。

3　白書はサーキュラーエコノミー（循環型経済）を課題として挙げ、資源の循環が進むことで温暖化ガスの排出を削減でき、国内の排出量を6％減らせるとの試算を示している。

4「産業革命からの気温上昇を1.5度以内にする」という目標の実現には、現状の取り組みを続けていく必要があるとしている。

5　生物多様性の損失を止めるという意味だけを表す「ネイチャーポジティブ」という言葉を使った項目を白書に初めて掲載している。

解答・解説

1　陸と海にそれぞれ30％以上の保全地域を確保することが目標。

2　妥当である。

3　国内の排出量を36％減らせるとの試算を示している。

4　パリ協定で掲げる「産業革命からの気温上昇を1.5度以内にする」目標の実現には、さらなる対策が必要であることを強調している。

5「ネイチャーポジティブ（自然再興）」は、生物多様性の損失を止めるだけでなく、回復に転じさせるという意味も持つ。

答え／2

予想問題・白書

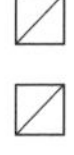

[No. 4] 昨年７月に防衛省が発表した「防衛白書」の内容に関する記述として、妥当なのはどれか。

1　白書では、防衛力の抜本的強化の柱として、相手のミサイル発射基地などを攻撃できる「反撃能力」の必要性を強調し、専守防衛の考え方を変更することにも触れている。

2　安全保障上の深刻な懸念事項として中国の動向をあげ、北朝鮮軍との共同での活動がたび重なっていることなどが、安全保障上の影響を及ぼしているとしている。

3　中国の軍隊の現状として、軍隊にAI（人工知能）などの技術を用いる「智能化」を推し進めており、陸・海・空で無人機の装備品の自律性を高めているとしている。

4　中国軍による威圧的な軍事活動の活発化により、台湾海峡の平和と安定について日本を含むインド太平洋地域で急速に懸念が高まっているが、国際社会での関心度は高くないことを指摘している。

5　弾道ミサイルの発射を繰り返す北朝鮮を、関連技術の開発を「侵略的」な活動として常態化させていると白書は指摘している。

解答・解説

1　専守防衛の考え方を変更するものではなく、攻撃は厳格に軍事目標に限定するとしている。

2　北朝鮮軍ではなくロシア軍との共同での活動がたび重なっていることに触れている。

3　妥当である。

4　国際社会において急速に懸念が高まっているとしている。

5　関連技術の開発を「自衛的」な活動として常態化させていると指摘。

答え／３

【No. 5】昨年６月に内閣府が発表した「男女共同参画白書」の内容に関する記述として、妥当なのはどれか。

1　白書は、「男性は仕事、女性は家庭」といった雇用慣行や生活のあり方の「昭和モデル」から、誰もが家庭や仕事で活躍する「令和モデル」への転換を提言している。

2　1人暮らしの独身女性の2割ほどが年収300万円未満だという調査結果を白書は提示し、男女の賃金格差の解消や女性の早期からのキャリア教育の開始の必要性を訴えている。

3　1985年に全体の40%を占めていた「一人暮らしの高齢女性」は2020年には25%に減少していることを白書では示している。

4　社会変化に合わせて正社員の夫と専業主婦の妻というモデルを前提としない制度への移行が欠かせないとし、社会保障制度を個人単位から世帯単位へ移行することを白書に盛り込んでいる。

5　若い女性のキャリアアップへの意識向上について白書で触れており、キャリアアップの意識が若い女性ほど低いことが示されている。

解答・解説

1　妥当である。

2　1人暮らしの独身女性の5割ほどが年収300万円未満だという調査結果を白書は提示している。

3　2020年に25%へ減少したのは「夫婦と子ども」。

4　社会保障制度を世帯単位から個人単位へ移行することを提言。

5　キャリアアップの意識が若い女性ほど強いことが示されている。

答え／1

予想問題・白書

［No. 6］昨年 10 月に厚生労働省が発表した「過労死等防止対策白書」の内容に関する記述として、妥当なのはどれか。

1　白書は、理想の睡眠時間が不足している人は、職場での昇進が遅いという調査結果を公表している。

2　白書では、週の労働時間が 40 時間以上の雇用者のうち、60 時間以上だった人は 2022 年に 8.9% と、前年から 0.1 ポイント減り、9 年ぶりに減少に転じたことを明らかにしている。

3　白書では、週 60 時間以上働いている人の 4 割以上が、理想の睡眠時間から 2 時間以上不足していたことを明らかにしている。

4　今回の白書は、芸術や芸能の業界を重点分野としており、この業界の当事者らは「プロとして労働者だという意識が高い」ことについて指摘している。

5　芸術や芸能の従事者 640 人を調査した結果、1 週間の拘束・労働時間が 60 時間以上と回答したのは 16.7% で、就業者全体の割合を下回った。

解答・解説

1　理想の睡眠時間が不足している人は、うつ病や不安障害の疑いが多いという調査結果を公表している。

2　前年から 0.1 ポイント増え、9 年ぶりに増加に転じたとしている。

3　妥当である。

4　芸術や芸能の業界で働く当事者らは「労働者だという意識が低い」ことについて言及している。

5　1 週間の拘束・労働時間が 60 時間以上と回答したのは 16.7% で、就業者全体の割合である 7.5% を大きく上回った。

答え／ 3

「国際」の攻略法

国際は東京都で出題頻度が非常に高く、過去10年で見ても必ず出題されているテーマです。特別区でも、同様に重要な内容といえます。

過去問をチェック！

まずは過去問を見てみましょう。令和５年度の特別区Ⅰ類で出題された時事問題です。

令和５年度特別区Ⅰ類

【No.37】昨年のイギリスの首相就任に関するA～Dの記述のうち、妥当なものを選んだ組合せはどれか。

A　リズ・トラス氏は、昨年９月、保守党党首選の決選投票でリシ・スナク氏に勝利し、党首に選出され、首相に就任した。

B　トラス氏は、マーガレット・サッチャー氏に続くイギリス史上２人目の女性首相となった。

C　スナク氏は、昨年10月、保守党所属の下院議員100人以上の推薦を得て保守党党首選に立候補し、無投票で党首に選出され、首相に就任した。

D　ジョンソン政権で外相を務めたスナク氏は、イギリス史上初のアジア系の首相となり、42歳での首相就任は過去最年少である。

1　A　B
2　A　C
3　A　D
4　B　C
5　B　D

令和５年度に出された、2022年のイギリス政権に関する問題です。特別区の出題では、本問のように妥当な選択肢を複数選ぶ形式も一部含まれます。

解答・解説　　答え　2

A. 妥当である。
B. トラス氏は、マーガレット・サッチャー氏、テリーザ・メイ氏に続くイギリス史上３人目の女性首相。
C. 妥当である。
D. スナク氏はジョンソン政権で外相ではなく財務相を務めた。イギリス史上初のアジア系の首相であり、過去最年少の首相であることは正しい。

傾向と対策

出題されるのは、各国の選挙やそのときどきで話題になった出来事などです。選挙については、与党と野党のどちらが勝ったのか、右派か左派か、過半数を獲得して単独で政権を担うことができたか、またヨーロッパでいえば政策として親EUなのか、反EUなのか、移民に対する政策はどうか、といったことも理解しておきましょう。

国や地域で頻出しているのはアメリカと中国で、両国に関係する問題が出される可能性は高くなります。また、両国の関係性についても俯瞰してとらえておくとよいでしょう。

以上を踏まえて、令和６年度の試験で注意すべきテーマをいくつかピックアップしておきます。

・アメリカ情勢
・日韓関係
・ロシアのウクライナ侵攻
・台湾情勢
・イスラエルのガザ侵攻

ロシアのウクライナ侵攻やイスラエルのガザ侵攻については、主要国がどのような対応をとったかを押さえておくとよいでしょう。

[No. 1] 昨年のパレスチナ情勢に関する記述として、妥当なのはどれか。

1　2023年10月、パレスチナ自治区のガザ地区を実効支配するイスラム武装組織ファタハの戦闘員がイスラエルに侵入して南部を襲撃し、多くの兵士や市民を連れ去った。

2　パレスチナ自治政府はイスラエル南部への攻撃には関与していないことを表明したが、パレスチナの大統領アッバースはイスラエルへの攻撃を支持した。

3　アメリカは、報復としてパレスチナ自治区ガザで戦闘を続けるイスラエルを非難する声明を出した。

4　イスラエルのネタニヤフ首相は「戦争状態にある」として右派政党リクードの一党独裁政権を樹立させた。

5　イスラエルは、本格的な地上侵攻を実施し、ガザ地区の北部のみならず南部へも地上侵攻を進めるなど攻勢を強めた。

解答・解説

1　パレスチナ自治区のガザ地区を実効支配するイスラム武装組織はファタハではなくハマス。

2　パレスチナの大統領アッバースはイスラエルへの攻撃を非難した。

3　アメリカは、パレスチナ自治区ガザで戦闘を続けるイスラエルを支持することを表明した。

4　イスラム組織ハマスとの本格的な地上戦に備えるため、中道右派野党を率いるガンツ前国防相と挙国一致政権を樹立させた。

5　妥当である。

答え／5

[No. 2] 昨年のアメリカをめぐる状況に関する記述として、妥当なのはどれか。

1　一般教書演説でバイデン大統領は、上院、下院ともに民主党議席が多数を占める議会を念頭に、国内外において自身の推進する政策を確実に実現させるために協力を求めた。

2　一般教書演説ではインフラ整備法などの成果を強調し、2年間で1200万人の新規雇用を創出させるなど、どの大統領よりも多くの雇用を生み出したことを訴えた。

3　一般教書演説で、最も重大な競争相手と位置づける中国について、対立することは避けて先端技術分野では協力していく姿勢を鮮明にした。

4　2024年度の予算教書では、あらゆる所得層に負担増を求め、10年間で計3兆ドル近く財政赤字を削減する意向を示した。

5　2023年10月、アメリカ議会下院で共和党内の対立で解任された議長の後任を選ぶ投票が行われ、共和党のマッカーシー議員が議長に選出された。

解答・解説

1　「ねじれ」状態にある議会を念頭に、超党派の協力によって政策の実現を訴えて、結束を呼びかける場面が目立った。

2　妥当である。

3　中国に対して、競争はするが対立は求めないとの方針を示しつつ、先端技術分野で同盟国と協力し、中国に対抗する姿勢を鮮明にした。

4　高所得層に負担増を求めている。

5　マイク・ジョンソン議員が議長に選出。マッカーシー議員は前議長。

答え／2

［No. 3］昨年の中国情勢に関する記述として、妥当なのはどれか。

1　3月に全国人民代表大会（全人代）が開催され、中国共産党の習近平氏を総書記として満票で選出、異例の3選目となった。

2　2023年の経済成長率の目標については5％前後とすることを全人代で表明、目標を達成できなかった去年と比べて大きく引き上げたことになる。

3　全人代では、台湾について独立に断固反対すると述べたが、国際的に反対の声が多いこともあり、統一を目指す姿勢は表明しなかった。

4　広域経済圏構想「一帯一路」の首脳会議が開催され、習国家主席は物流のネットワークの整備の加速など8項目の取り組みを挙げ、量から質への転換をめざす方針を表明した。

5　中国政府が発表した新しい地図には、南シナ海やインド北東部などの係争地が「領海」や「領土」として示されたが、日本の尖閣諸島に中国側名称が使われてはいなかった。

解答・解説

1　中国共産党の習近平氏を国家主席として満票で選出、従来の任期制限を自身が撤廃したことで異例の3選目が実現した。

2　去年の5.5％前後に比べて0.5％引き下げている。

3　台湾について独立に断固反対し、祖国の平和統一のプロセスを推し進めると述べ、統一を目指す姿勢を改めて強調している。

4　妥当である。

5　日本の尖閣諸島は中国側名称の「釣魚島」と表記された。

答え／4

[No. 4] 昨年のBRICSに関する記述として、妥当なのはどれか。

1 南アフリカで開催されたBRICSによる首脳会議では、グローバルサウスと呼ばれる新興・途上国の地位向上を訴え、BRICSのメンバーを拡大していく方針に賛成することを表明した。

2 BRICSの拡大はアメリカとの対立を深めるロシアが主導しているもので、ロシアはBRICSを通じてグローバルサウスとの連携を深め、G7などに対抗することを目的としている。

3 首脳会議では、トルコ、イラン、アルゼンチン、エジプト、エチオピア、アラブ首長国連邦（UAE）の6カ国について、正式なBRICSのメンバーになることが発表された。

4 BRICSの5カ国は世界人口の40%を占め、購買力平価ベースの国内総生産（GDP）では、2022年は26%にまで急増し、G7の44%に迫りつつある。

5 首脳会議で議長国の南アフリカは、今後BRICSはG7に対抗していくことを強調した。

解答・解説

1 妥当である。

2 BRICSの拡大は、アメリカとの対立を深める中国が主導しているものである。

3 NATO加盟国のトルコでなくサウジアラビアが正しい。

4 購買力平価ベースでの国内総生産（GDP）では、すでにBRICSがG7を上回っている。

5 BRICSはG7に対抗しないことを強調した。

答え／1

[No. 5] 昨年の台湾情勢に関する記述として、妥当なのはどれか。

1　2023年1月、統一地方選挙で大敗した責任を取り、党主席を辞任した蔡総統から行政院長（首相）に指名された頼清徳副総統が率いる新内閣が発足した。

2　中米歴訪の経由地としてアメリカを訪問した蔡総統は、当時のマッカーシー米下院議長と会談し、武器支援や経済関係で連携を強化していくことを明らかにした。

3　台湾の2023年版の「国防報告書（国防白書）」では、統一圧力を強める中国について「北朝鮮との軍事協力をますます緊密化させている」と指摘している。

4　蔡総統は建国記念日にあたる「双十節」の式典で演説し、軍事的威嚇を強める中国を繰り返し厳しく批判した。

5　蔡総統は建国記念日に当たる「双十節」の式典で演説し、台湾初となる自前で建造した空母の進水式にこぎつけたことをアピールした。

解答・解説

1　行政院長になったのは陳建仁氏。頼清徳氏は民進党の党主席に就任。

2　妥当である。

3　国防報告書では、中国について「ロシアとの軍事協力をますます緊密化させている」と指摘。

4　「現状維持を核心として、お互いが受け入れ可能な平和共存の道を発展させていきたい」と穏当な表現にとどめた。

5　自前で建造して進水式にこぎつけたのは潜水艦。

答え／ 2

【No. 6】近年の日韓関係に関する記述として、妥当なのはどれか。

1　韓国の尹大統領は火器管制レーダーの照射問題をめぐり再発防止策を提示し、これを機に国際会議にあわせたものを除けば12年ぶりとなる日韓首脳会談が日本で実現した。

2　日韓首脳会談で岸田首相と尹大統領は、2011年から滞っていた首脳が相互に訪問し合う「シャトル外交」の再開で合意した。

3　日韓防衛相会談が行われ、2018年の火器管制レーダーの照射問題が議題に挙がったが、再発防止で合意には至らなかった。

4　2023年になって日韓関係が改善したことより、金融危機の際に通貨を融通する通貨交換（スワップ）協定を初めて締結することで両政府は合意した。

5　軍事情報包括保護の対象となる「グループA（旧ホワイト国）」に韓国を再指定したため、韓国向けの軍事情報管理を厳格化した措置は4年ぶりにすべて解除された。

解答・解説

1　元徴用工問題について、韓国の財団が賠償を肩代わりする解決策を韓国の尹大統領が提示し、日韓首脳会談が実現した。

2　妥当である。

3　火器管制レーダーの照射問題をめぐり再発防止で合意した。

4　通貨交換（スワップ）協定は日韓関係の悪化から失効していたが、再開することで両政府は合意した。

5　輸出優遇措置の対象となる「グループA」に韓国を再指定した。

答え／2

【No. 7】昨年のヨーロッパおよび中東の状況に関する記述として、妥当なのはどれか。

1　2023年11月、オランダ下院総選挙が行われ、ウィルダース党首が率いる極右・自由党が第一党となり、ウィルダース氏が首相に就任。移民・難民受け入れを今後も積極的に行うことを表明した。

2　2023年10月、ポーランドで総選挙が行われ、中道の野党連合「市民連立」が第1党となり、同連合を率いるEU前大統領のトゥスク元首相が首相に返り咲いた。

3　2023年9月、イタリアのメローニ首相は、中国の李強首相と会談し、中国の巨大経済圏構想「AIIB」から離脱する方針を表明した。

4　2023年2月、ロシアのプーチン大統領はアメリカとの核軍縮条約「新START」を延長することを表明した。

5　2023年4月、NATOはフィンランドのNATO加盟を正式に決定、この承認でNATOは31カ国体制になった。

解答・解説

1　ウィルダース氏が率いる自由党は移民・難民受け入れ反対を提唱している。オランダのEUからの離脱を問う国民投票の実施も表明。

2　ポーランドの総選挙で勝利したのは、与党「法と正義（PiS）」だが連立政権が作れず、トゥスク氏率いる野党連合が連立政権を樹立。

3　メローニ首相が離脱を表明したのは中国の巨大経済圏構想「一帯一路」。AIIBは中国が主導する国際金融機関。

4　プーチン大統領はアメリカとの核軍縮条約「新START」の履行を一時的に停止することを表明した。

5　妥当である。

答え／5

[No. 8] 近年のロシアによるウクライナ侵攻に関する記述として、妥当なのはどれか。

1 侵攻が長期化するなか、2023年にアメリカや欧州諸国が主力戦車をウクライナへ供与することを相次いで表明し、8月にアメリカはF16戦闘機の供与を決定した。

2 2023年6月からウクライナは、2014年にロシアが併合したクリミア半島を含む全領土の奪還を掲げて反転攻勢を開始、短期間で大半の領土奪還を実現させた。

3 ゼレンスキー大統領はG7広島サミットに電撃参加し、G7首脳やインドのモディ首相らと相次ぎ会談。米欧からは追加の軍事支援をとりつけ、新興国にもウクライナへの支持を訴えた。

4 2022年9月、ロシアはウクライナ東部・南部のドネツク州、ルガンスク州、ザポリージャ州、ヘルソン州、キーウ州の5州を併合した。

5 旧ソ連のウクライナやベラルーシは、NATOへの将来的な加盟を表明している。

解答・解説

1 オランダとデンマークが、アメリカ製のF16戦闘機の供与を決定した。

2 ロシアが二重三重に敷く防衛ラインの突破に苦しみ、奪回した南部の領土はロシア占領地全体の0.3%程度だとされている。

3 妥当である。

4 ロシアが併合したことを宣言したのはウクライナ東部・南部のドネツク州、ルガンスク州、ザポリージャ州、ヘルソン州の4州。

5 NATOへの将来的な加盟を表明しているのはウクライナとジョージア。

答え／3

「重要度別テーマ」の攻略法

最頻出の４つのテーマ以外の時事問題は、重要度別でまとめています。政治、経済など特に出題の可能性が高い時事を厳選しました。

過去問をチェック！

令和５年度の特別区Ｉ類で出題された時事問題を見てみましょう。

令和５年度特別区Ｉ類

【No.38】昨年７月に行われた第26回参議院議員通常選挙に関する記述として、妥当なのはどれか。

1　期日前投票者数は約1,961万人となり、2017年に行われた衆議院議員総選挙を約255万人上回り、国政選挙では過去最多となった。

2　選挙区の投票率は48.80％となり、2019年に行われた参議院議員通常選挙の投票率を下回った。

3　女性当選者数は35人で、2016年と2019年に行われた参議院議員通常選挙の28人を上回り、参議院議員通常選挙では過去最多となった。

4　比例代表の得票率２％以上という、公職選挙法上の政党要件を新たに満たす政治団体も、政党要件を満たさなくなる政党もなかった。

5　今回の通常選挙から合区を導入したことで選挙区間の「一票の格差」が最大3.03倍となり、2019年に行われた参議院議員通常選挙より最大格差が縮小した。

令和５年度に出された、前年に実施された「参議院議員選挙」に関する問題です。日本の政治問題は近年確実に出題が見られるため、しっかり準備しておくべき内容になります。

解答・解説　答え　3

1. 国政選挙ではなく、参院選として過去最多を更新した。
2. 選挙区の投票率は 52.05% で、2019 年の参院選から 3.25 ポイント上昇し２回連続の 50% 割れは回避した。
3. 妥当である。
4. 参政党は公職選挙法上の政党要件を新たに満たした。
5. 「合区」は 2016 年の参院選から導入された。合区により 2016 年に誕生したのが「鳥取・島根」と「徳島・高知」の２選挙区である。

傾向と対策

４大テーマ以外で出題される可能性が高い時事には、以下のテーマがあります。

- 岸田政権の経済対策
- 2023 年骨太の方針
- 女性版骨太の方針 2023
- 令和６年度税制改正大綱
- 規制改革推進会議の答申

国政選挙に関しては、選挙があった次の年の試験で出題されることが多いので、よく準備しておきましょう。

政治に関しては、改造内閣の閣僚人事、岸田総理が掲げる経済政策などの出題可能性が高くなります。

経済については、国の一般会計予算、令和６年度の税制改正大綱についての出題、国際収支統計などの出題が予想されます。

日本の首相が関係する首脳会議も頻出テーマです。特に、日米首脳会議については出題可能性がさらに高くなります。

注目された最高裁の判決や、ノーベル賞受賞者についても、かつてはよく出題されていた内容です。また、福島原子力発電所の処理水問題など話題になった事柄の要点は押さえておきましょう。

予想問題・重要度別

[No. 1] 昨年 11 月に発表された岸田政権の経済対策に関する記述として妥当なのはどれか。

1　経済対策の規模は、国と地方自治体、民間投資をあわせた事業規模は 37.4 兆円程度、経済対策の裏付けとなる補正予算は 13.1 兆円であり減税とあわせて 17 兆円台前半になるとしている。

2　岸田首相は、2024 年夏の段階で賃上げと消費税の減税を合わせることで、所得の伸びが物価上昇を上回る状態を確実につくると強調した。

3　経済対策の目玉は、「円安による為替差益分を還元する」として打ち出した 1 人あたり 4 万円の定額減税である。

4　定額減税の 4 万円の内訳は 1 人あたり所得税 3 万円と住民税 1 万円となるが、非課税の低所得者世帯は先行して給付された 1 世帯 3 万円のみであり、不公平であるとの声が上がった。

5　経済対策の財源には、当初予算で計上した社会保障費の一部を活用するとしている。

解答・解説

1　妥当である。

2　2024 年夏の段階で賃上げと、消費税の減税ではなく所得減税をあわせることで、所得の伸びが物価上昇を上回る状態をつくると強調。

3　定額減税は「税収増を還元する」として打ち出したもの。

4　低所得者世帯には、追加で 7 万円の給付金を支給し、負担軽減につなげるとしている。

5　予備費を半減して活用するとしている。

答え／1

予想問題・重要度別

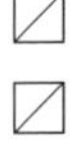

[No. 2] 昨年6月に発表された「経済財政運営と改革の基本方針（骨太の方針）」に関する記述として妥当なのはどれか。

1　重点政策として、労働市場の改革が打ち出されており、成長産業へ積極的に資本を投下することを促すことが、構造的な賃上げにつながるとしている。

2　自己都合で離職した人でもリスキリングに取り組んでいれば、会社の都合で辞めた場合と同じように職業訓練受講給付金を受け取れるようにすることが方針に盛り込まれている。

3　労働移動を活発化させるため、勤続10年を超えると退職金への課税が大幅に軽減される現在の税制を見直すとしている。

4　学校の教員不足の解消のため、給与体系の改善を行うほか、2024年度から3年間を「集中改革期間」と位置づけ、小学校低学年の教科担任制の強化などを進めるとしている。

5　基礎的財政収支を2025年度に黒字化するとした従来の目標については、2年続けて直接的な明記を見送っている。

解答・解説

1　成長産業へ労働移動を促すことが、構造的な賃上げにつながるとしている。

2　会社の都合で辞めた場合と同じように失業給付を受け取れるようにするとしている。

3　勤続20年を超えると退職金への課税が大幅に軽減される現在の税制を見直すとしている。

4　小学校高学年の教科担任制の強化などを進めるとしている。

5　妥当である。

答え／5

[No. 3] 昨年６月に政府に提出された「規制改革推進会議の答申」に関する記述として妥当なのはどれか。

1　答申では、医療・介護分野の人材不足が深刻になる中、医師不在時にAIが医療判断を行う範疇の拡大が盛り込まれた。

2　医師から看護師への指示のひとつである「包括的指示」で、どの程度まで看護師が医療行為をできるかについて明確にすることを答申で求めている。

3　現在はオンライン診療の実施場所を診療所や自宅に限っているが、2023年度中に離島の公民館でも実施できるよう答申は求めている。

4　自治体が独自に実施する医療助成へ対応するために、受給資格情報をマイナンバーカードのシステムに一元化するのは、情報漏洩の観点から避けるべきだと答申で提言している。

5　2023年の規制改革推進会議の答申では「医療・介護・感染症対策」「地域産業活性化」「行政手続き」という３つの内容を重点分野に掲げている。

解答・解説

1　医師不在時に看護師が担える業務の実質拡大が盛り込まれた。

2　妥当である。

3　オンライン診療は離島の公民館などではすでに行われており、それ以外の地域の公民館などでも実施できるよう求めている。

4　受給資格情報をマイナンバーカードのシステムに一元化するよう答申で提案している。

5　重点分野に掲げているのは「医療・介護・感染症対策」「スタートアップ・イノベーション」「人への投資」「地域産業活性化」「行政手続き」の５つ。

答え／２

[No. 4] 昨年 12 月に発表された「令和 6 年度の税制改正大綱」に関する記述として妥当なのはどれか。

1　税制改正大綱の目玉は、あらゆる所得世帯が対象となる 1 人あたり 4 万円の定額減税である。

2　企業向けでは賃上げを後押しするため、前年度から 7% 以上の賃上げをした企業に増額分の 25% を法人税から控除する仕組みを新設した。

3　所得税と住民税の控除の縮小にともない、実質的に全世帯の手取り収入は減ることになる。

4　「省エネ基準適合住宅」であれば、住宅ローン減税の対象となる借入額の上限が 5000 万円から 2024 年以降は 4500 万円になる。

5　こどもの転落防止用の柵や、防音性が高い床への交換など、住宅の改修にかかった費用を所得税から差し引く住宅リフォーム税制は廃止された。

解答・解説

1　富裕層は対象とすべきではないとして、年収 2000 万円を超える人を対象から外す所得制限が設けられた。

2　妥当である。

3　年間 12 万円以上という児童手当を、控除の縮小分が下回るため、実質的に子育て世帯の手取りは増えることになる。

4　2024 年以降、借入額の上限が 5000 万円から 4500 万円になるのは「長期優良住宅」。「省エネ基準適合住宅」は 4000 万円から 3000 万円に引き下げられる。

5　住宅リフォーム税制は子育て世帯向けに拡充されている。

答え／2

予想問題・重要度別

[No. 5] 昨年に行われた日本の首相による首脳会談に関する記述として、妥当なのはどれか。

1　2023年1月に日米首脳会談が行われ、日米同盟についてバイデン大統領は日本の防衛に対するアメリカのコミットメントを表明したが、核については言及しなかった。

2　2023年8月、日米韓の3首脳はワシントン郊外で首脳会談を実施し、共同声明で日米韓が協力する領域について北朝鮮への対応が3カ国の枠組みの役割であることを確認した。

3　2023年11月、訪米中の岸田首相は中国の習国家主席と会談し、日中両首脳は両国の「軍事的結託関係」を再確認した。

4　2023年3月、インドで岸田首相とインドのモディ首相が会談、G7広島サミットではBRICSとの関係強化という視点で、国際社会が直面する課題について取り上げる意向を表明した。

5　2023年3月、岸田首相は来日したドイツのショルツ首相と会談し、厳しい対ロシア制裁と強力なウクライナ支援の継続の重要性を確認した。

解答・解説

1　核を含むあらゆる能力を用いた、日米安保条約5条の下での、日本の防衛に対するアメリカの揺るぎないコミットメントを表明。

2　日米韓が協力する領域を北朝鮮に限らず大幅に広げることを強調。

3　日中両首脳は両国の「戦略的互恵関係」を再確認した。

4　G7広島サミットでは「グローバル・サウス」との関係強化という視点で、国際社会が直面する課題について取り上げる意向を表明。

5　妥当である。

答え／5

予想問題・重要度別

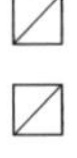

[No. 6] 昨年6月に発表された「女性版骨太の方針 2023」に関する記述として、妥当なのはどれか。

1　東京証券取引所の最上位「プライム市場」に上場する企業の役員について、2030年までに女性の比率を10%以上にする目標を方針に盛り込んでいる。

2　方針では「東証スタンダード企業」の女性起業家比率を2033年までに20%以上とする目標を掲げている。

3　女性の給与面では、現状は301人以上を常時、雇用する企業に義務づけている男女間の賃金格差の情報開示を、101人以上の企業に対象を広げられないか検討するとしている。

4　男性が確実に育児休業を取得できるよう制度を強化することや、子どもが1歳未満の間は時短勤務でも手取りが変わらないようにする給付のしくみの創設も盛り込んでいる。

5　方針には、年収が106万円を超えて配偶者特別控除の上限となった場合でも、手取りが減るのを防ぐ制度の見直しに取り組むことが明記されている。

解答・解説

1　女性の比率について、30%以上にすることを目指すとしている。

2　方針では「Jスタートアップ」と呼ばれる新興企業の女性起業家比率を、2033年までに20%以上とする目標を掲げている。

3　妥当である。

4　「1歳未満」の間ではなく「2歳未満」の間が正しい。

5　年収が106万円超えは扶養の対象から外れて社会保険料などの負担が生じるライン。配偶者特別控除の上限は201万円。

答え／3

予想問題・重要度別

【No. 7】昨年発表された日本の経済情勢に関する記述として、妥当なのはどれか。

1　2022年度の日本経済は、エネルギーや食料などの価格高騰、また円高・ドル安にともなう輸入物価の高騰といった要因により、コストプッシュ型インフレが進んだ。

2　急速なインフレは、コロナ禍の余波から景気上昇の気配がみられない状況に拍車をかけ、2022年度の実質GDP成長率は前年度比1.2ポイント減の1.4%にまで下落した。

3　国の2024年度の予算案における総額は112兆717億円となり、12年ぶりに過去最高を更新した。

4　国の2024年度の予算案の歳出のうち3分の1を占める社会保障費は、診療報酬の薬価の引き下げなどによる効率化をはかったものの、37兆7193億円と前年度の当初予算より増加した。

5　国の2024年度の予算案の歳入では、税外収入を加えても不足する分は新たに国債を発行してまかなう計画で、前年度同様に財源の1割以上を国債に頼ることとなった。

解答・解説

1　輸入物価の高騰の要因の一つは円安・ドル高にともなうものである。

2　急速なインフレは、コロナ後をにらんで上向きつつあった景気を抑制した。

3　国の2024年度の予算案における総額は112兆717億円となり、12年ぶりに減額予算となった。

4　妥当である。

5　財源の3割以上を国債に頼ることとなった。

答え／4

予想問題・重要度別

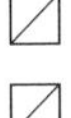

[No. 8] 昨年の日本政府の政策に関する記述として、妥当なのはどれか。

1　2023年5月、熟練技能を持つ外国人の在留資格「特定技能1号」について、農業や飲食料品製造業など9業種を増やし、あわせて11分野に拡大する方針を閣議決定した。

2　2023年6月の防衛財源確保法の成立で、1.5兆円を一般会計の予備費の剰余金などから特例的に、防衛費増額に活用できるようにしている。

3　2023年6月に閣議決定した「こども未来戦略方針」では、児童手当は所得制限を撤廃したうえで対象を従来の中学から高校生へと拡大するとしている。

4　2023年6月に閣議決定された開発協力大綱では、ODA予算について「さまざまな形で縮小する」と初めて減額する方向性を示している。

5　2023年10月にスタートしたインボイス制度での登録番号は、取引先に正確な連絡先や経営状態を伝えるために発行される。

解答・解説

1　農業や飲食料品製造業など9業種を増やし、あわせて11分野に大幅に拡大する方針を決定したのは「特定技能2号」。

2　特例的に防衛費増額に活用できるようにしたのは1.5兆円の特別会計の剰余金など。

3　妥当である。

4　ODA予算について増額の方向性を示した。

5　取引先に正確な適用税率や消費税額を伝えるために発行される。

答え／3

[No. 9] 近年の日本政府の政策に関する記述として、妥当なのはどれか。

1　2023年4月、政府は同盟国の軍に対する支援の新たな枠組み「OSA」(政府安全保障能力強化支援)を発表、同盟国への防衛装備品の供与などを通じて抑止力向上を後押しする。

2　2023年5月、新型コロナの感染症法上の位置づけについて、季節性インフルエンザと同じ「2類」に移行したため、国は国民に対して行動制限を求めることができなくなった。

3　2022年12月、政府は防衛3文書を閣議決定、相手のミサイル発射拠点をたたく「先制攻撃能力」を保有し、防衛費を国内総生産(GDP)比で2%に倍増する方針を打ち出している。

4　2022年12月、政府は2023年度から5年間の中期防衛力整備計画の防衛費総額を約43兆円とする方針を発表した。

5　2023年6月に決定した政府の「宇宙安全保障構想」で、国家安全保障局は他国の指揮統制・情報通信などを妨げる能力を保持することが盛り込まれた。

解答・解説

1　OSAは同盟国ではなく、同志国の軍に対する支援の新たな枠組み。
2　新型コロナの感染症法上の「5類」に移行した。
3　相手のミサイル発射拠点をたたく「反撃能力」を保有すると明記。
4　妥当である。
5　他国の指揮統制・情報通信などを妨げる能力を保持することが盛り込まれたのは防衛省や自衛隊。

答え／4

予想問題・重要度別

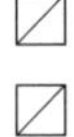

[No. 10] 近年の日本で起こった出来事などに関する記述として、妥当なのはどれか。

1　統一地方選が2023 年4月に行われ、道府県議選では女性当選者数が316 人の14.0%となり、過去最多を更新した。

2　2023 年4月、日銀の新総裁として学者出身の植田和男氏が就任し、従来の大規模金融緩和策から金融引き締めに転換するとの方針を表明した。

3　2023 年6月、「デジタル行財政改革会議」の初会合が開催され、タクシードライバーが宅配便を運ぶ「ライドシェア」導入などを今後議論していくことを表明した。

4　2023 年10 月、「1 票の格差」が最大3.03 倍だった2022 年7月の参院選は違憲かどうかが争われた訴訟の上告審判決で、最高裁大法廷は選挙について「違憲」とする判断を示した。

5　2023 年10 月、最高裁は戸籍上の性別を変更する際、生殖能力をなくす手術を必要としている法の規定について「違憲」と判断。最高裁が法規定を違憲とするのは戦後初めてである。

解答・解説

1　妥当である。

2　従来の大規模金融緩和策を維持するとの方針を表明した。

3　一般ドライバーが自家用車で客を有料で運ぶ「ライドシェア」導入などを今後議論していくことを表明。

4　最高裁大法廷は選挙は「合憲」とする判断を示した。

5　最高裁が法規定を違憲とするのは戦後12例目。

答え／1

予想問題・重要度別

[No. 11] 昨年の国際的な出来事に関する記述として、妥当なのはどれか。

1　2023年5月、イランがアラブの21カ国とパレスチナ解放機構でつくるアラブ連盟へ復帰することが12年ぶりに認められた。

2　2023年の生理学・医学賞は、米ペンシルベニア大学のカリコ氏とワイスマン氏の2人が受賞。アルツハイマー病治療薬で実用化されたメッセンジャーRNAについて、医薬品として使うための基礎となる方法を開発したことが評価された。

3　2023年12月、日本とASEANが連携してアジア地域の脱炭素化を目指す共同体「AZEC」により、アジアに世界から資金を引き付ける『巨大脱炭素市場』が生み出されると岸田首相は強調した。

4　2023年7月、新しい国際課税のルールを定めた多国間条約の条文をOECDが表明。新興企業などに対して課税できるようにする「デジタル課税」を創設するとしている。

5　2023年6月、タイが東アジア地域包括的経済連携協定（RCEP）に批准したことで、RCEPの参加国すべてで発効することとなった。

解答・解説

1　アラブの21カ国とパレスチナ解放機構でつくるアラブ連盟への12年ぶりの復帰が認められたのはシリア。

2　コロナワクチンで実用化されたメッセンジャーRNAについて、医薬品として使うための基礎となる方法を開発したことが評価された。

3　妥当である。

4　巨大IT企業に対して課税できるようにする「デジタル課税」を創設。

5　2023年6月にRCEPに批准したのはフィリピン。

答え／3

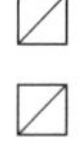

[No. 12] 昨年の社会の出来事や文化に関する記述として、妥当なのはどれか。

1　2023年3月、文化庁が京都に移転、国の省庁が地方に移転するのは首都を東京に移して以来、初めて。ただし、中枢機能は東京に残留する形となった。

2　2023年4月、統合型リゾート施設（IR）について、愛知県・名古屋市が提出した整備計画を初めて認定した。

3　2023年8月、東京電力は政府の方針にもとづき、福島原子力発電所の敷地内にたまる処理水の海洋放出を開始、年内にすべての処理水を放出する。

4　2023年8月、福島原子力発電所の敷地内にたまる処理水の海洋、放出に対して中国は反発し、対抗措置として日本産の水産物の輸入を全面的に停止することを発表した。

5　2023年8月、法制審議会の部会で、離婚後に父母どちらかに子どもの親権を認めたうえで共同で子育てに関わる「共同親権」を導入する案を提示した。

解答・解説

1　中枢機能の多くが移る全面的な移転ではあるが、全体の3割を超える職員は東京に残留した。

2　カジノを含む統合型リゾート施設（IR）について、大阪府・大阪市が提出した整備計画が初めて認定された。

3　放出の完了には30年程度という長い期間が見込まれている。

4　妥当である。

5　共同親権は離婚後に父母双方に子どもの親権を認めるというもの。

答え／4

編著／コンテンツ

資格系の書籍の編集・執筆を行う、編集者および資格予備校の講師らによるエキスパート集団。特に地方公務員試験対策のテキストや問題集の編集・執筆では定評があり、手がけた書籍も多数にのぼる。

企画編集：コンテンツ
執　　筆：小山克彦、島田裕二、藤井健二、
　　　　　三島隆
ＤＴＰ：四面道 studio
図版イラスト：中野孝信

令和６年度版　地方公務員試験　東京都・特別区のパーフェクト時事

2024年2月1日　初版第1刷発行

編　著　コンテンツ
発行所　コンテンツ
　　　　〒190-0011 東京都立川市高松町3-14-11　マスターズオフィス7F
　　　　TEL：042-843-0752　FAX：042-843-0753
発行人　萩谷成人
発売所　株式会社星雲社（共同出版社・流通責任出版社）
　　　　〒112-0005 東京都文京区水道1-3-30
　　　　TEL：03-3868-3275　FAX：03-3868-6588

印刷・製本　シナノ パブリッシング プレス

ISBN978-4-434-33474-0　C1030